Entrez dans l'Espérance

JEAN-PAUL II

Entrez dans l'Espérance

Avec la collaboration de Vittorio Messori

PLON/MAME

AVERTISSEMENT AU LECTEUR

Les questions abrégées du sommaire (page 7), les titres courants, les notes signées « N.D.E. » et les citations signées
« C.D.E. » sont de l'éditeur.

Ce livre est paru en italien sous le titre *Varcare la soglia della speranza*
par Jean-Paul II avec la collaboration de Vittorio Messori.
© Arnoldo Mondadori Editore Spa, Milan, 1994

© Plon/Mame pour la traduction française, Paris, 1994
ISBN : 2.259.18161.9
Dépôt légal : Octobre 1994
ISBN : 2-921792-00-1

SOMMAIRE

Table des matières en fin de volume

INTRODUCTION

La genèse de ce livre

J'ai le plus grand respect pour mes confrères — réalisa-teurs et journalistes — de la presse télévisuelle. C'est pour-quoi, malgré de nombreuses sollicitations, j'ai toujours refusé d'empiéter sur leur terrain. Il me semble en effet que les mots, qui sont la matière première de notre travail, n'ont ni le même relief ni le même impact sur les ondes que dans la presse écrite.

Pour ma part, je n'ai fréquenté que des rédactions de jour-naux et des bureaux de maisons d'édition ; les studios de télé-vision me sont étrangers.

Quelle ne fut donc pas ma surprise de recevoir chez moi, un jour de mai 1993, un appel du directeur général de la R.A.I. Uno[1]. J'étais à mon bureau et je terminais la correction des épreuves d'un livre tout en commençant la rédaction d'un nouvel ouvrage. Intérieurement, je remerciais Celui qui me permettait de faire face à toutes ces occupations, dans le silence et la solitude de mon refuge face au lac de Garde, loin de tous les centres de pouvoirs politique, culturel et même religieux. Une phrase de Cicéron me revenait à l'esprit : « Si apud bibliothecam hortulum habes, nihil deerit » — « Si tu as une bibliothèque qui donne sur un petit jardin, que peux-tu souhaiter d'autre ? » Je crois que c'est Jacques Maritain, si cher au pape Paul VI, qui s'amusait à recommander à tous ceux qui voulaient continuer à aimer et défendre le catholi-cisme de ne fréquenter qu'avec mesure et circonspection un certain "milieu catholique".

Et voilà que par cette belle journée de printemps, le directeur général de la R.A.I. Uno faisait irruption dans ma solitude. Il

---

1. R.A.I. Uno : principale chaîne de télévision italienne.

m'annonça que d'ici peu, j'allai recevoir une proposition que,
cette fois, « je ne pourrais décemment pas refuser ».

D'autres appels me parvinrent effectivement de Rome les
jours suivants. Avec une inquiétude croissante, je vis le projet
prendre forme. En octobre 1993, Jean-Paul II célébrerait le
quinzième anniversaire de son pontificat. À cette occasion, le
Saint-Père acceptait d'accorder à la R.A.I. Uno un entretien
télévisé : une grande première dans l'histoire de la papauté !
Jusqu'à présent, jamais un successeur de Pierre ne s'était
présenté devant les caméras pour répondre à des questions
laissées à la libre initiative d'un journaliste.

Diffusée en exclusivité par la R.A.I. le soir même de cet
anniversaire, cette émission devait être ensuite proposée aux
plus grandes chaînes de télévision du monde entier. C'est en
raison de l'intérêt qu'avaient suscité mes écrits que l'on me
confiait la responsabilité d'interroger le Pape. Depuis des
années en effet, mes livres et mes articles portaient sur des
thèmes religieux. Je m'exprimais avec la liberté du laïc, mais
également avec la solidarité du croyant, conscient que
l'Église n'a pas été confiée seulement au clergé, mais aussi à
chaque baptisé.

En 1985, la publication de mon Rapport sur la foi *avait*
frappé les esprits. Une polémique s'était déclenchée, mais le
succès pastoral avait été indéniable, avec un impact positif
dans l'Église, de gros tirages et de nombreuses traductions.
Ce livre rassemblait des entretiens effectués avec l'un des plus
proches collaborateurs du Pape, le cardinal Joseph Ratzin-
ger, préfet de la Congrégation pour la Doctrine de la Foi.
C'était une "première" : les mystères de cette Congrégation,
l'ancien Saint-Office, auquel la légende anticléricale repro-
chait son goût du silence et du secret, étaient enfin dévoilés.

Pour en revenir à ce printemps 1993, la préparation de
l'interview du Souverain Pontife se poursuivit discrètement.
Pendant l'été, j'allai le rencontrer à Castelgandolfo. Là, avec
respect, et aussi avec une franchise qui surprit peut-être cer-
tains (mais pas mon hôte, qui apprécia manifestement ma sim-

plicité filiale), j'eus la possibilité d'exposer les principes qui m'avaient guidé dans l'élaboration d'une première série de questions. J'avais reçu pour consigne : « Faites comme vous l'entendez ! »

Un imprévu

Malheureusement, le Pape n'avait pas tenu compte de l'ampleur de ses engagements pour le mois de septembre, date limite pour effectuer l'enregistrement et le montage de l'émission avant son passage à l'antenne. Or l'agenda du Saint-Père pour ce mois occupait trente-six pages imprimées ! Visite de deux diocèses italiens (Arezzo et Asti), première rencontre officielle d'un empereur du Japon avec un pape ; première visite d'un Souverain Pontife en Lettonie, Lituanie et Estonie, territoires de l'ex-Union soviétique — avec la nécessité pour lui de s'initier un peu à ces langues difficiles : devoir que lui imposent son zèle pastoral et son désir que tous les peuples du monde l'entendent directement énoncer l'Évangile.

Il était par conséquent impossible d'ajouter à ces deux "premières" — nippone et baltique — une troisième, télévisuelle celle-là. D'autant plus que Jean-Paul II avait accepté pas moins de quatre heures de tournage, afin de permettre au réalisateur de sélectionner ensuite les meilleurs passages de manière à mettre au point une émission d'une heure. Puis ces entretiens devaient être repris dans un livre, où transparaîtrait mieux encore le projet pastoral et catéchétique dans le cadre duquel le Pape s'était livré de la sorte. Malheureusement, les impératifs du calendrier en avaient décidé autrement.

Je retournai donc à la tranquillité de ma bibliothèque où j'eus le loisir de réfléchir aux thèmes que j'aurais aimé aborder avec le Saint-Père si la possibilité m'en avait été donnée. Sur mon bureau trônait un portrait de Blaise Pascal, qui avait écrit : « *Tout le malheur des hommes vient d'une seule chose, qui est de ne pas savoir demeurer au repos dans une chambre.*[1] »

Impliqué, presque malgré moi, dans ce projet assurément enthousiasmant, je dois admettre qu'il me posait de sérieuses questions. Tout d'abord, en tant que croyant, je me demandais s'il était souhaitable que le Pape accorde des entretiens, qui plus est à la télévision. Malgré ses intentions généreuses, il serait nécessairement happé par le mécanisme implacable du système médiatique. Ne risquait-il pas alors de mêler sa voix au bruit chaotique d'un monde où tout est banalisé et où tout devient spectacle, où les opinions les plus contradictoires sur tout et le reste alimentent des bavardages sans fin ? Le Souverain Pontife n'allait-il pas abandonner le "nous" solennel, par lequel résonne la voix du mystère millénaire de l'Église, pour se plier au genre mineur de l'interview et du simple "à mon avis" ? J'avais très envie de soumettre tous ces scrupules à Jean-Paul II lui-même.

Indépendamment de ces questions "de principe", je me demandais si ma compétence, acquise sur le terrain de l'information religieuse, suffirait à compenser mon inexpérience dans le domaine télévisuel. Surtout pour une émission d'un tel retentissement.

En tout cas, le projet "Quinze ans de pontificat à la T.V." ne put aboutir. On pouvait supposer qu'une fois l'anniversaire passé, personne n'en parlerait plus. Il ne me restait plus qu'à suivre, comme par le passé, les déclarations de l'évêque de Rome à travers les Acta Apostolicae Sedis[2].

Une surprise

Quelques mois s'écoulèrent avant que je reçoive un appel du Vatican. C'était Joaqun Navarro-Valls, directeur du Ser-

---

1. Éditions Brunschvig, fragment 139.
2. Actes du Siège apostolique, ou « journal officiel » du Vatican.

vice de presse du Saint-Siège, qui avait été un des plus chauds partisans de l'entretien télévisé. Et il me transmettait un message qui n'avait pas manqué de le surprendre lui-même. Par son intermédiaire, le Pape me disait : « Bien que je n'aie pas eu l'occasion de répondre à vos questions de vive voix, je les ai gardées sur mon bureau. Elles m'ont intéressé, et je crois qu'elles ne méritent pas d'être mises au panier. J'y ai réfléchi et, dans les rares moments dont je dispose, j'ai commencé à y répondre par écrit. Vous m'avez posé des questions qui ont été sollicitées, et cela vous met en droit d'attendre des réponses... J'y travaille. Je vous les enverrai. Ensuite, vous ferez ce que vous jugerez opportun. »

Une fois de plus, Jean-Paul II confirmait la réputation de "Pape imprévisible" qui l'accompagne depuis son élection.

À la fin du mois d'avril 1994, Joaqun Navarro-Valls vint me remettre le manuscrit du Saint-Père. Comme pour mieux marquer la passion qui l'avait animé en rédigeant ces pages, l'auteur avait vigoureusement souligné certains passages.

Le titre de ce livre est celui que Jean-Paul II avait inscrit sur le dossier qui contenait ses réponses. Il avait précisé qu'il s'agissait d'une simple suggestion, et qu'il laissait aux éditeurs toute liberté de le modifier. Nous avons décidé de le garder parce que à notre avis, ce titre résume parfaitement ce que le Pape tient à dire à l'homme d'aujourd'hui.

Le respect pour un texte dont chaque mot compte a guidé mon travail d'édition. Je me suis limité à traduire, entre parenthèses, les expressions latines ; à corriger la ponctuation, parfois hâtive ; à compléter certains noms de personnes ; à proposer un synonyme lorsque le même mot était répété dans une phrase ; à modifier les rares imprécisions de la traduction italienne du texte manuscrit en polonais. Il s'agit donc de détails, qui n'ont en aucun cas altéré le contenu.

L'essentiel de ma contribution a été d'insérer de nouvelles questions à certains endroits. En effet, le questionnaire que j'avais soumis à Jean-Paul II, et auquel il a répondu avec une diligence surprenante, comprenait vingt questions. Toutes ces

questions étaient rigoureusement miennes : elles n'avaient
subi aucune modification ou adaptation de la part de qui que
ce soit, pas même du Saint-Père.

Il y avait là trop de questions pour un entretien télévisé,
même long, et elles étaient trop vastes. Mais en y répondant
par écrit, le Pape a pu élargir son propos et aborder d'autres
problèmes encore. Pour faciliter la compréhension du lecteur,
il m'a semblé nécessaire d'insérer de nouvelles questions. Par
exemple, il n'y avait rien sur les jeunes dans mon questionnaire primitif. Pourtant, parce qu'il ne cesse de penser à eux,
le Souverain Pontife a tenu à leur adresser des pages qui, je
crois, comptent parmi les plus belles. Il y évoque avec simplicité son expérience personnelle de jeune prêtre, au service de
la jeunesse de son pays.

Afin de permettre au lecteur d'aller directement aux sujets
qui l'intéressent, j'ai donné un titre à chacune des trente-cinq
questions auxquelles je suis finalement parvenu. Mais je
conseille de lire dans son intégralité ce texte "catholique", au
sens étymologique du terme : tout s'y tient et tout est intégré
dans une perspective organique. Ce titrage ne fournit néanmoins qu'un repérage approximatif, car le Pape introduit ici
et là des digressions imprévues sur des sujets divers. On peut
sans doute discerner là une expression de plus de la passion
qui inspire un discours inscrit dans le cadre strict de l'ortho-
doxie catholique, malgré une "ouverture" enthousiaste dans
la ligne inaugurée par le dernier Concile.

Le texte a été relu et approuvé par l'auteur, et c'est à partir
de cet original qu'ont été réalisées les traductions qui
paraissent simultanément dans les principales langues du
monde. Nous tenions à le préciser au lecteur : la voix qui
résonne ici — dans son humanité, mais aussi dans son
autorité — est authentiquement celle du successeur de Pierre.

En ce sens, il me paraît préférable de parler d'un "livre
écrit par le Pape" plutôt que d'un "entretien" avec lui, même
si un ensemble de questions est à l'origine de ce texte. Il
appartiendra plus tard aux théologiens et aux exégètes du

*magistère pontifical de classer ce document sans précédent,
qui propose à l'Église des perspectives inédites.*

*Pour le travail d'édition qui me revenait, certains m'ont
suggéré de multiplier les interventions en donnant des
commentaires, des explications, des notes, des citations d'encycliques et de discours. J'ai préféré rester plus discret et me
limiter à cette préface pour raconter la façon dont ce livre était
né. Je n'ai pas voulu alourdir, par des intrusions inopportunes,
l'extraordinaire actualité, la surprenante tension et la richesse
théologique qui caractérisent le message de Jean-Paul II.*

*Ces pages, j'en suis sûr, se suffisent à elles-mêmes. Elles
n'ont d'autre intention que "religieuse". Elles n'ont pas
d'autre but que de permettre de mesurer — à travers le genre
littéraire de l'"entretien" — comment le successeur de Pierre
remplit sa mission de maître de foi, apôtre de l'Évangile, père
et, en même temps, frère universel. Seuls les catholiques
voient en lui le "Vicaire du Christ", mais, comme premier
témoin de la vérité, et ministre de la charité, il se fait entendre
de tout homme, comme le prouve le prestige indiscutable du
Saint-Siège sur la scène mondiale. Il n'est pas de peuple qui,
ayant obtenu sa liberté ou son indépendance, ne décide d'envoyer un représentant à Rome, auprès du siège de Pierre.
Avant toute considération politique, cet acte répond à un
besoin de légitimité "spirituelle", à une exigence "morale".*

Une question de foi

*Pour établir ma série de questions, j'ai décidé d'emblée
d'écarter les sujets politiques, sociologiques et même "cléri-
caux" — ceux qui relèvent de la "bureaucratie ecclésiastique" et constituent trop souvent la quasi-totalité de l'information dite religieuse.*

*Qu'il me soit permis de citer ici certains passages d'une
étude de motivation soumise à la personne qui m'a entraînée
dans ce projet : « Cet entretien télévisé vraiment exceptionnel*

*ne doit pas se limiter aux questions habituelles des "vatica-
nologues". Bien avant le Vatican en tant qu'État, bien avant
les discours habituels sur les choix de l'Église, bien avant les
questions morales, bien avant tout cela, vient la foi.*

*La foi, avec ses certitudes et ses zones d'ombre, avec la
crise qui semble la menacer, avec les sociétés qui s'en méfient
parce qu'elles ne voient là que provocation, fanatisme et into-
lérance : cette foi proclame qu'il existe autre chose que de
simples opinions et qu'il y a encore une Vérité, avec une
majuscule. Profitons donc de la disponibilité du Saint-Père
pour débattre des "fondements de la foi". C'est un sujet que
l'Église elle-même délaisse trop souvent.*

*Peu importe de savoir si la politique menée par le Vatican
est conservatrice ou progressiste. Peu importe un Pape que
beaucoup voudraient voir réduit au rôle de président d'une
sorte d'agence mondiale pour l'éthique, la paix ou l'environ-
nement. Peu importe un Pape garant du nouveau dogmatisme
(plus étouffant que celui dont les catholiques sont soup-
çonnés) du "politically correct", un Pape qui ne ferait que
cautionner les conformismes à la mode. Non, ce qui importe,
c'est de mesurer la solidité des fondements de la foi de
l'Église — une Église qui trouve sa légitimité uniquement
dans la certitude de la Résurrection du Christ.*

*Il faudrait donc, dès le début de l'entretien, mettre en évi-
dence le défi "scandaleux" que le Pape, en tant que tel, représente : non pas un parmi les "Grands" de la terre mais, avant
tout, le seul homme auquel les autres hommes reconnaissent
un lien direct avec Dieu, et qu'ils considèrent comme le "bras
droit" de Jésus-Christ, deuxième Personne de la Trinité. »*

*Pour développer cette réflexion, je dirais qu'il est néces-
saire de débattre du sacerdoce des femmes, de la pastorale
des homosexuels et des divorcés, des stratégies géopolitiques
du Vatican, des choix sociopolitiques des croyants, de l'éco-
logie, de la surpopulation et de beaucoup d'autres problèmes.
Mais seulement après avoir rétabli une juste hiérarchie des
priorités (souvent inversées aujourd'hui, même dans les*

*milieux catholiques). Il faut commencer par cette question à
la fois simple et terrible : ce que croient les catholiques, ce
dont le Pape est le garant suprême, tout cela est-il vrai ou
non ? Que penser du* Credo *? Avons-nous véritablement là un
condensé unique de la foi ou bien une tradition culturelle
parmi d'autres, désormais dépassée ? Il me paraît vain de traiter des questions morales (depuis l'utilisation du préservatif
jusqu'à la légalisation de l'euthanasie) sans avoir commencé
par affronter, directement, la question de la crédibilité de la foi
aujourd'hui. Si Jésus n'est pas le Messie annoncé par les prophètes, quel intérêt pouvons-nous trouver au christianisme et à
ses exigences éthiques ? L'opinion du vicaire du Christ peut-
elle compter pour nous, si nous ne croyons plus que Jésus est
ressuscité et que, par le ministère du Pape, Il guide son Église
jusqu'à ce qu'elle entre dans la gloire ?*

*Je dois reconnaître que mon point de vue fut adopté sans
difficulté : je reçus immédiatement l'accord enthousiaste de
Jean-Paul II. Il m'assura avoir accepté cet entretien dans le
seul but de pouvoir proclamer de manière nouvelle le
kérygme, ce message condensé et presque brutal sur lequel se
fonde la foi chrétienne :* « Jésus est Seigneur ; Lui seul sauve
l'humanité, aujourd'hui comme hier et toujours ».

*Le Pape est conscient de l'insuffisance des moyens dont il
dispose habituellement. Il cherche par tous les moyens à
annoncer aux hommes la Bonne Nouvelle, à affirmer à tous
que l'Espérance existe, qu'elle est fondée et s'offre à tous
ceux qui voudront bien l'accepter. Le Saint-Père fait ainsi
écho aux paroles de Paul dans sa Première Épître aux Corinthiens :* « Je me suis fait tout à tous, pour en sauver à tout prix
quelques-uns. Et tout cela, je le fais à cause de l'Évangile,
pour bénéficier, moi aussi, du salut.[1] »

*Dans cette perspective, toute abstraction disparaît : le
dogme se transforme en chair, en sang, en vie. Le théologien
devient témoin et pasteur.*

---

1. 1 Co 9, 22-23.

Les pages qui suivent sont nées de cette "tension kéryg-matique", de cette proclamation originelle, de cette volonté de "nouvelle évangélisation". Le lecteur comprendra qu'il était inutile d'ajouter des commentaires à un texte qui déborde tellement de sens qu'il semble parfois emporté par la passion. Oui, la passion de convaincre *qui, selon Pascal, devrait être le signe distinctif de tout chrétien, anime en pro-fondeur ce "serviteur des serviteurs de Dieu".*

Pour le Saint-Père, non seulement le Dieu de Jésus-Christ existe, vit et œuvre, mais Il est avant tout Amour. Il n'est pas le Grand Architecte impassible ni l'Intellect pur proposé par les Lumières ou le rationalisme. Dans ce livre, le Souverain Pontife ne cesse de répéter à chaque être humain : « Rends-toi compte que, qui que tu sois, tu es aimé ! Souviens-toi que l'Évangile est une invitation à la joie ! N'oublie pas que tu as un Père et que chaque vie, même la plus insignifiante pour les hommes, a une valeur éternelle et infinie à Ses yeux ! »

Un éminent théologien, l'un des rares à avoir lu ce livre avant sa parution, m'a confié : "Nous découvrons ici l'ampli-tude de l'univers religieux et intellectuel de Jean-Paul II. C'est la clef d'interprétation de tout son magistère qui nous est donnée dans ces pages."

Ce même théologien allait jusqu'à soutenir : "Non seule-ment les commentateurs d'aujourd'hui, mais aussi les histo-riens de demain devront se pencher sur ce texte pour comprendre ce qu'aura accompli le premier pape polonais. Écrit d'une seule traite — avec une vigueur et une spontanéité que certains timorés n'hésiteront pas à qualifier de généreuse imprudence —, ce livre nous donne accès au cœur même de cet homme auquel on doit tant d'encycliques, de lettres apos-toliques et de discours officiels. C'est donc un document pour notre temps mais aussi pour l'histoire."

Un proche collaborateur du Saint-Père me confiait qu'il prend le temps de rédiger mot à mot chacune de ses homélies, quel que soit le nombre prévisible des fidèles. Pour le Pape, l'explication de la Parole de Dieu est aussi constitutive de la mission du prêtre que les ministères de l'eucharistie et de la réconciliation. On retrouve dans ce livre ce souci permanent de la prédication. C'est un peu "le Père Karol, curé du monde" qui nous parle. Le lecteur trouvera également dans cet ouvrage des confidences personnelles où le Pape évoque, sans fausse pudeur, des épisodes décisifs de son enfance et de sa jeunesse en Pologne, des réflexions et des exhortations spirituelles, des méditations mystiques et des spéculations théologiques et philosophiques.

Si toutes ces réponses requièrent une lecture attentive (celui qui saura les méditer un peu découvrira, sous des apparences pédagogiquement familières, une surprenante profondeur), certains passages particulièrement denses réclament d'être relus avec encore plus de soin. Fort de mon expérience de premier lecteur, je tiens à assurer que ces pages le méritent sans conteste. L'investissement ainsi consenti ne restera certainement pas vain. On pourra constater, entre autres, que la plus grande ouverture (comme par exemple des réflexions audacieuses sur l'œcuménisme ou sur l'eschatologie) s'accompagne toujours de la plus grande fidélité à la tradition, et que ce souci d'élargissement pastoral ne remet jamais en cause l'identité catholique dont Jean-Paul II se sait le garant devant le Christ, « le seul Nom qui puisse nous sauver[1] ».

André Frossard a publié, en 1982, un compte rendu de ses conversations avec le Pape sous le titre N'ayez pas peur ![2]. *Il reprenait ainsi les mots par lesquels Jean-Paul II avait inauguré son pontificat. Ce livre demeure donc une référence irremplaçable pour comprendre les premières années de Karol Wojtyla sur le siège de Pierre. Les pages qui suivent témoignent de la richesse de son expérience après quinze années de pontificat. On y trouve les traces d'événements majeurs (voire décisifs : il suffit de penser à la chute du marxisme) dans sa vie, dans celles de l'Église et du monde. Mais ce qui, chez lui, est resté inébranlable, c'est l'énergie*

---

1. Ac 4, 12.
2. Éditions Robert Laffont, Paris.

avec laquelle il prépare l'avènement du troisième millénaire du christianisme. Il envisage l'avenir avec l'ardeur et l'assurance d'un homme qui a la moitié de son âge.

Le service de Pierre

À la lecture de ce texte, tous ceux qui — à l'extérieur ou à l'intérieur de l'Église — ont pu soupçonner "ce Pape venu de loin" d'"intentions restauratrices" et de "réaction contre les innovations du Concile", ne pourront, je pense, que réviser leur jugement. En effet, ce livre réaffirme avec éclat l'importance providentielle de Vatican II. Le rôle qu'y joua Karol Wojtyla, alors jeune évêque participant de plus en plus activement aux débats, apparaît nettement. De cette aventure extraordinaire — et de ce qu'elle a apporté à l'Église — Jean-Paul II n'a aucun "regret". Il le dit sans détours, bien qu'il ne masque pas les difficultés dues (il en est sûr) non pas à Vatican II proprement dit, mais aux interprétations hâtives qui ont foisonné par la suite.

Devant le contenu exclusivement religieux de ce texte, les alternatives comme "gauche-droite" ou "conservateur-progressiste" s'avèrent une fois de plus totalement inadéquates. Le "salut chrétien" tel que le Pape en dévoile à nouveau la portée dépasse de loin ces étroitesses politiques, qui constituent malheureusement la seule préférence pour de nombreux commentateurs, qui se condamnent ainsi eux-mêmes — parfois sans même le soupçonner seulement — à ignorer la dynamique profonde de l'Église. Les différentes idéologies, en constante mutation mais toujours limitées, n'ont aucun rapport avec la vision "apocalyptique" (au sens étymologique de révélation, de dévoilement du plan providentiel) qui inspire toute l'action de ce Pape.

Un de ses proches collaborateurs me disait : "Pour savoir qui est réellement Jean-Paul II, il faut le voir prier, surtout dans l'intimité de sa chapelle privée." C'est une dimension que ne peut négliger dans ses analyses un observateur qui se veut honnête et sérieux. Mon rôle de journaliste m'a parfois conduit à poser au Saint-Père des questions provocantes, voir agressives. La vivacité, la clarté et la sincérité de ses réponses attestent qu'il préférait cette "provocation" à des flatteries courtisanes. J'ai quelquefois eu droit à des répliques qui s'apparentaient à des "réprimandes" affectueuses, peut-être même à des "contestations" paternelles. Et j'en suis heureux, car j'y vois une confirmation de ce que mes questions ont été accueillies avec autant d'attention que de générosité. Mais je vois surtout là une preuve de ce que le Saint-Père, même s'il n'appréciait pas toujours ces questions, a reconnu qu'elles reflétaient celles que se posent beaucoup d'hommes aujourd'hui.

En relisant certains passages, je mesure l'écart entre nous — simples croyants — et le successeur de Pierre. Lui n'a pas de problème pour "croire" — si je puis m'exprimer ainsi. Pour lui, tout ce qu'implique la foi constitue une évidence tangible. Donc, bien qu'il apprécie Pascal (et il le cite énormément), il n'a nul besoin de se justifier par un "pari" quelconque ; il ne lui servirait à rien de se rassurer en s'en remettant à un "calcul de probabilités".

Que le Dieu qui s'est incarné en Jésus-Christ vive, agisse et refaçonne l'univers tout entier à l'image de son amour, c'est une évidence que le chrétien Karol Wojtyla sent, touche et expérimente à la manière de tous les mystiques. Ce qui pour nous peut créer une difficulté devient chez lui un fait objectivement constatable. Cet ancien professeur de philosophie n'ignore pas que l'esprit humain cherche toujours des "preuves" de la vérité chrétienne (il consacre à ce problème réel des pages très denses). Pour lui, toutefois, cette inquiétude ne fait que confirmer la réalité de l'objet de son espérance. « Heureux es-tu, Simon, fils de Jonas : ce n'est pas la chair et le sang qui t'ont révélé cela, mais mon Père qui est aux cieux. Et moi, je te le déclare : Tu es Pierre, et sur cette pierre je bâtirai mon Église, et la puissance de la mort ne l'emportera pas sur elle.[1] » *À l'heure de l'épreuve, dans ces "orages du doute", dans ces "nuits obscures" qui menacent notre foi souvent vacillante, n'est-il pas cette pierre, ce roc auquel nous pouvons nous raccrocher ? N'est-il pas le témoin confiant de la vérité de l'Évangile, de l'existence d'un Monde tout autre, où chacun aura son dû et recevra la vie éternelle en plénitude — à condition qu'il l'ait voulue ?*

Jésus-Christ a confié tous les hommes à un seul homme, faisant ainsi de lui Son "vicaire" : « Simon, Simon, Satan vous a réclamés pour vous passer au crible comme le froment. Mais j'ai prié pour toi, afin que ta foi ne sombre pas. Toi donc, quand tu seras revenu, affermis tes frères[2] ».

Telle est la mission de l'actuel successeur de Pierre, qui compte parmi ceux qui « ont vu la Résurrection » et savent que « Jésus est monté au ciel[3] ». Sa vie, ses paroles et surtout ses actes, en sont la garantie.

Cette main tendue pour nous rassurer, cette affirmation respectueuse et passionnée de « la splendeur de la vérité » me semblent être le plus beau cadeau que nous offrent ces pages.

Elles font du bien à celui qui les a déjà lues, en le rassurant, en l'encourageant à rechercher une plus grande cohérence et à tirer des leçons plus fidèles des prémisses de sa foi.

Je souhaite aux lecteurs de ce livre d'ouvrir leur cœur au message du Saint-Père. Du lit d'hôpital où il souffrait à la suite d'une mauvaise chute, il m'a confié avoir offert un peu de l'épreuve qu'il traversait pour ceux qui liraient ces pages où il a voulu laisser transparaître l'espérance et la joie. Je l'ai assuré que nous lui sommes tous infiniment redevables de cette joie, et ce n'était pas une simple formule de vaine politesse.

Vittorio Messori

---

1. Mt 16, 17.
2. Lc 22, 32.
3. Ac 1,22.

ENTREZ
DANS L'ESPÉRANCE

LE PAPE : SURVIVANT D'UN MYTHE
OU TÉMOIN DE DIEU ?

Sainteté, vous voudrez bien me pardonner si ma première question est beaucoup plus longue que les suivantes.

Je suis en présence d'un homme tout de blanc vêtu, portant un costume d'une autre époque, orné d'une croix pectorale. Je ne peux que constater que cet homme, qu'on appelle le Pape (Papa, en grec déjà) représente en lui-même un mystère, et même une provocation, sinon un scandale pour beaucoup de nos contemporains, au nom de la raison ou même du simple bon sens.

En effet, devant un pape il faut choisir. Le chef de l'Église catholique est défini par la foi (et donc accepté par les croyants) comme le "Vicaire de Jésus-Christ". Il est donc considéré comme l'homme qui représente sur la terre le Fils de Dieu. En tant que tel, il agit en lieu et place de la Deuxième Personne du tout-puissant Dieu trinitaire.

C'est ce qu'affirme chaque pape, en toute humilité, certes, mais aussi en toute certitude. Et c'est ce que croient les catholiques. Ce n'est donc pas par hasard qu'ils appellent le Pape "Très Saint-Père" ou "Sainteté".

Cependant, pour beaucoup de nos contemporains, cette prétention semble absurde et incroyable. Pour eux, le Pape n'est pas le représentant de Dieu. Il ne serait le témoin que d'antiques légendes et d'anciens mythes, devenus inacceptables pour l'homme "adulte" d'aujourd'hui.

Ainsi, celui qui se trouve en face du Pape (de vous comme de chacun de vos prédécesseurs et de vos successeurs) doit parier, comme disait Pascal. Êtes-vous le témoin vivant et mystérieux du Créateur de l'univers, ou bien le plus illustre acteur d'une illusion plurimillénaire ?

J'oserai donc vous poser la question : n'avez-vous jamais vacillé dans la conviction d'être relié à Jésus-Christ, et donc à Dieu ? N'avez-vous jamais eu — non pas des doutes, évidemment —, mais ne vous êtes-vous pas posé des questions, bien humaines, sur la vérité de ce Credo *que vous répétez lors de chaque messe et qui proclame la foi inouïe dont vous êtes le garant suprême ?*

J E commencerai en tentant de clarifier la formulation des concepts que vous venez d'employer. Votre question est imprégnée d'une part d'une foi vivante et de l'autre d'une certaine inquiétude. Ce constat initial m'amène à faire référence à l'exhortation du début de mon ministère sur le Siège de Pierre : « N'ayez pas peur ! »

Cette exhortation, le Christ l'a adressée à maintes reprises aux hommes qu'Il rencontrait. Déjà l'Ange avait dit à Marie : « *Sois sans crainte*[1] », et à Joseph : « *Ne crains pas*[2] ». Le Christ l'a redite à Pierre et aux apôtres, dans des circonstances différentes, tout particulièrement après sa Résurrection. S'Il insistait : « *N'ayez pas peur !* », c'est précisément parce qu'Il sentait que ses disciples avaient peur. Ils n'étaient pas certains que Celui qu'ils voyaient était ce même Jésus qu'ils avaient connu. Ils avaient eu peur lors de son arrestation, et ils étaient encore plus effrayés lorsqu'Il leur apparaissait après la Résurrection.

1. Lc 1, 30.
2. Mt 1, 20.

Ces paroles prononcées par le Christ, l'Église les répète. Et avec l'Église le Pape, dès sa première homélie Place Saint-Pierre : « N'ayez pas peur ! » Ce ne sont pas des mots en l'air. Ils sont profondément enracinés dans l'Évangile.

De quoi faut-il ne pas avoir peur ? Avant tout de faire la vérité sur nous-mêmes. De cette vérité, Pierre a un jour pris conscience de façon particulièrement aiguë et il a alors dit à Jésus : « *Éloigne-Toi de moi, Seigneur, car je suis un homme pécheur !*[1] »

Je crois que Pierre n'est pas le seul à prendre conscience de cette vérité. Tout homme y est confronté. Tout Successeur de Pierre y est confronté. Et celui qui maintenant vous répond perçoit cette vérité de manière particulièrement claire. Chacun de nous sait gré à Pierre d'avoir supplié ce jour-là : « *Éloigne-Toi de moi, Seigneur, car je suis un homme pécheur* ». Or le Christ lui a répondu : « *Sois sans crainte, désormais ce sont des hommes que tu prendras.*[2] » Autrement dit, ne crains pas les hommes ! L'homme est toujours le même : les systèmes qu'il crée sont toujours imparfaits, et d'autant plus imparfaits qu'il est sûr de lui. Où cette peur trouve-t-elle son origine ? Dans le cœur de l'homme. Notre cœur est inquiet. Le Christ Lui-même connaît notre angoisse mieux que quiconque : « *Il connaissait par lui-même ce qu'il y a dans l'homme.*[3] »

---

1. Lc 5, 8.
2. Lc 5, 10.
3. Jn 2, 25.

Ainsi, pour répondre à votre première question, je voudrais me rapporter à la fois aux paroles du Christ Lui-même et aux premiers mots que j'ai prononcés sur la Place Saint-Pierre. Alors je peux me dire : "N'aie pas peur" lorsqu'on t'appelle "Vicaire du Christ", lorsqu'on te dit "Saint-Père" ou "Sainteté", lorsqu'on emploie des expressions semblables, même si elles peuvent paraître contraires à l'Évangile. En effet, le Christ Lui-même n'a-t-il pas dit : « *Ne donnez à personne sur terre le nom de père, car vous n'avez qu'un seul Père, celui qui est aux cieux. Ne vous faites pas non plus appeler maître, car vous n'avez qu'un seul Maître, le Christ*[1] » ? Cependant, ces expressions, fondées sur une longue tradition, sont entrées dans le langage courant et d'elles non plus, il ne faut pas avoir peur.

Chaque fois que le Christ nous exhorte à ne pas avoir peur, c'est toujours en référence soit à Dieu, soit à l'homme. Il veut dire : n'ayez pas peur de ce Dieu qui, selon les philosophes, est l'Absolu transcendant. N'ayez pas peur de Dieu, mais invoquez-Le avec moi : « *Notre Père.*[2] » N'ayez pas peur de dire : *Père* ! Désirez même être parfaits comme Il l'est, car Il est parfait. Oui : « *Vous donc, vous serez parfaits comme votre Père céleste est parfait.*[3] »

Le Christ est le Sacrement[4] du Dieu invisible, sacrement qui implique la présence. Dieu est avec

---

1. Mt 23, 9-10.
2. Mt 6, 9.
3. Mt 5, 48.
4. Un sacrement est une manière de faire l'expérience de quelque chose qui,

nous. Dieu, infiniment parfait, non seulement est avec l'homme, mais Lui-même s'est fait homme en Jésus-Christ. N'ayez pas peur de Dieu qui s'est fait homme ! C'est bien ce que dit Pierre à Jésus sur le chemin de Césarée de Philippe : « *Tu es le Christ, le Fils du Dieu vivant* ![1] » Indirectement, il proclamait par là : Tu es le Fils de Dieu qui s'est fait homme. Pierre n'a pas eu peur de le dire, même si ces mots ne venaient pas de lui. Ils venaient du Père. « *Nul ne connaît le Fils si ce n'est le Père et nul ne connaît le Père si ce n'est le Fils.*[2] »

« *Tu es heureux, Simon, fils de Jonas, car cette révélation t'est venue non de la chair et du sang, mais de mon Père qui est dans les cieux.*[3] » Pierre a prononcé ces mots sous l'inspiration de l'Esprit Saint. Et l'Église, elle aussi, les répète constamment, sous l'inspiration de l'Esprit Saint.

Donc, Pierre n'a pas eu peur de Dieu fait homme. Alors qu'il a eu peur pour le Fils de Dieu en tant qu'homme. Il n'arrivait pas à concevoir qu'il soit flagellé, couronné d'épines et enfin crucifié. Pierre ne pouvait pas l'accepter. Il en avait peur. Et le Christ le lui a sévèrement reproché. Mais Il ne l'a pas rejeté.

Il n'a pas rejeté cet homme de bonne volonté, au cœur ardent, cet homme qui à Gethsémani allait saisir le glaive pour défendre son Maître. Jésus lui a

par ailleurs, serait inaccessible. Le Christ est présence tangible et visible du Dieu invisible. (Note de l'éditeur).
1. Mt 16, 16.
2. Mt 11, 27.
3. Mt 16,17.

seulement dit : « *Satan vous a réclamés* — il t'a donc réclamé, toi aussi — *pour vous passer au crible comme le froment. Mais J'ai prié pour toi (...). Toi donc, quand tu seras revenu, affermis tes frères.*[1] » Le Christ n'a pas rejeté Pierre. Il a apprécié sa confession de foi près de Césarée de Philippe et, par la puissance du Saint-Esprit, Il l'a conduit, à travers sa propre Passion, à dépasser son reniement.

Pierre, en tant qu'homme, s'est montré incapable de suivre le Christ partout et surtout jusqu'à la mort. Pourtant, après la Résurrection, il a été le premier des apôtres à courir au tombeau avec Jean pour constater que le corps du Christ avait disparu.

Après la Résurrection, Jésus a donc confirmé la mission de Pierre, en lui disant fort nettement : « *Sois le pasteur de mes agneaux... Sois le pasteur de mes brebis !*[2] » Mais non sans lui avoir d'abord demandé s'il L'aimait. Et Pierre, qui avait renié le Christ mais n'avait jamais cessé de l'aimer, a pu répondre : « *Tu sais bien que je t'aime !*[3] » Mais il n'a plus ajouté : « *Dussé-je mourir avec Toi, je ne Te renierai pas !*[4] » En effet, la suite ne dépendait plus seulement de Pierre et de ses simples forces humaines ; tout reposait désormais sur l'Esprit Saint promis par le Christ à celui qui devrait le représenter sur terre.

De fait, le jour de la Pentecôte, Pierre fut le premier à s'adresser à la foule des israélites rassemblés

---

1. Lc 22, 31-32.
2. Jn 21, 15, 16.
3. Jn 21, 15.
4. Mt 26, 35.

et à ceux qui étaient venus de différentes régions, en rappelant le péché commis par ceux qui avaient cloué le Christ sur la Croix et en confirmant la vérité de sa Résurrection. Puis il a exhorté à la conversion et au baptême. Ainsi, grâce à l'œuvre du Saint-Esprit, le Christ a pu placer sa confiance en Pierre jusqu'à s'en remettre totalement à lui et à tous les autres apôtres, même Paul qui à l'époque était encore un persécuteur des chrétiens et haïssait le nom de Jésus.

Mises en perspective de ces événements, des expressions telles que "Souverain Pontife", "Sainteté", "Saint-Père" n'ont que peu d'importance. L'essentiel est ce qui résulte de la mort et de la Résurrection du Christ. L'essentiel est ce qui provient de la puissance de l'Esprit Saint : Pierre, et avec lui les autres apôtres, et même Paul à son tour après sa conversion, sont devenus des témoins fidèles du Christ, jusqu'à verser leur sang.

Finalement, non seulement Pierre n'a plus renié le Christ et n'a pas répété son malheureux « *Je ne connais pas cet homme*[1] », mais il a persévéré dans la foi jusqu'au bout. « *Tu es le Christ, le Fils du Dieu vivant !*[2] » C'est ainsi qu'il est devenu à son tour la "pierre" inébranlable, même si en tant qu'homme il n'était peut-être que sable mouvant. C'est le Christ Lui-même qui est la pierre, et le Christ bâtit son Église sur Pierre. Sur Pierre, Paul et

---

1. Mt 26, 72.
2. Mt 16, 16.

les apôtres. L'Église est apostolique par la puissance du Christ.

Cette Église confesse : « *Tu es le Christ, le Fils du Dieu vivant* ». Ainsi l'Église annonce cette vérité à travers les siècles, avec tous ceux qui partagent sa foi. Avec tous ceux à qui le Père a révélé le Fils dans l'Esprit Saint, comme le Fils leur a révélé le Père dans l'Esprit Saint[1].

Cette Révélation est définitive. On ne peut que l'accepter ou la rejeter. On peut l'accepter en confessant Dieu, le Père tout-puissant, Créateur du ciel et de la terre, et Jésus-Christ, le Fils, consubstantiel au Père, et l'Esprit Saint qui est Seigneur et qui donne la vie. Ou bien on peut refuser tout cela et écrire en lettres majuscules : « Dieu n'a pas de Fils », « Jésus-Christ n'est pas le Fils de Dieu, il n'est qu'un de ses prophètes, et peut-être même n'est-il pas le dernier, il n'est qu'un homme. »

Une telle position peut-elle nous surprendre, alors que nous connaissons les difficultés éprouvées par Pierre lui-même ? Il croyait au Fils de Dieu, mais il n'arrivait pas à accepter que ce Fils de Dieu — en tant qu'homme — fût flagellé, couronné d'épines, et qu'Il dût mourir sur une Croix.

Doit-on s'étonner que même ceux qui croient en un Dieu unique, dont Abraham fut le témoin, éprouvent des difficultés à accepter la foi en un Dieu crucifié ? Ils pensent que Dieu ne peut être que puissant et superbe, absolument transcendant et beau dans sa puissance, saint et inaccessible pour l'homme. Dieu

---

1. Cf. : Mt 11, 25-27.

ne peut être qu'ainsi. Il ne peut alors pas être Père et Fils et Saint-Esprit. Il ne peut pas être l'Amour qui se donne et qui permet qu'on Le voie, qu'on L'entende, qu'on L'imite comme homme, qu'on Le ligote, qu'on Le gifle et qu'on Le crucifie. Ce ne peut être Dieu !... C'est ainsi qu'une profonde déchirure s'est introduite au cœur même de la grande tradition monothéiste.

Dans l'Église, bâtie sur le roc qui est le Christ, Pierre, les apôtres et leurs successeurs sont les témoins du Dieu crucifié et ressuscité en Jésus-Christ. Par ce fait, ils sont témoins de la vie qui est plus forte que la mort ; ils sont témoins de Dieu qui donne la vie parce qu'Il est Amour[1]. Ils sont témoins parce qu'ils ont vu, entendu et touché, avec les yeux, les oreilles et les mains de Pierre, de Jean et de tant d'autres. Mais le Christ a dit à Thomas : « *Heureux ceux qui croiront sans avoir vu.*[2] »

Vous dites que le Pape est un mystère, et vous avez raison. Vous dites aussi, et vous avez toujours raison, qu'il est signe de contradiction et de provocation. Le vieux Siméon a dit du Christ Lui-même qu'il serait un signe en butte à la contradiction[3].

---

1. Cf. : 1 Jn 4, 8.
2. Jn 20, 29.
3. Cf. : Lc 2, 21-34. « *Quand arriva le jour fixé par la loi de Moïse pour la purification, les parents de Jésus le portèrent à Jérusalem pour le présenter au Seigneur. (...) Or, il y avait à Jérusalem un homme appelé Syméon. (...) L'Esprit lui avait révélé qu'il ne verrait pas la mort avant d'avoir vu le Messie du Seigneur. Poussé par l'Esprit, Syméon vint au Temple (...) il prit l'enfant dans ses bras, et il bénit Dieu (...) puis il dit à Marie, sa mère : "Vois, ton enfant qui est là, provoquera la chute et le relèvement de beaucoup en Israël. Il sera signe de contradiction".* » (Citation de l'éditeur).

Et vous avez encore raison de dire que face à une telle vérité — c'est-à-dire face à celle du Pape — il faut choisir, et que pour beaucoup de gens ce choix n'est pas facile. Mais a-t-il été facile pour Pierre lui-même ? A-t-il été facile pour chacun de ses successeurs ? Est-il facile pour le Pape actuel ? Tout choix implique une initiative de la part de l'homme. Pourtant, le Christ dit : « *Cette révélation t'est venue non de la chair et du sang, mais de mon Père.*[1] » Un tel choix n'est donc pas seulement une initiative de l'homme ; il est aussi une action de Dieu qui agit dans l'homme et qui se révèle. C'est en vertu d'une telle action de Dieu que l'homme peut répéter : « *Tu es le Christ, le Fils du Dieu vivant !*[2] » et qu'il peut ensuite proclamer le *Credo*[3] dans sa totalité, fondé qu'il est sur l'insurpassable logique de la Révélation. L'homme peut aussi se rappeler, et rappeler aux autres, les conséquences qui découlent de cette logique de la foi et qui sont imprégnées de cette même splendeur de la vérité. Et il peut le faire tout en n'ignorant pas qu'à cause de cela, il deviendra lui-même "signe de contradiction".

Que reste-t-il à un tel homme ? Il ne lui reste que les paroles adressées par Jésus Lui-même à ses apôtres : « *S'ils m'ont persécuté, ils vous persécute-ront aussi ; s'ils ont gardé ma parole, ils garderont*

1. Mt 16, 17.
2. Mt 16, 16.
3. *Credo* : "Je crois" en latin. C'est le premier mot du grand texte qui permet aux chrétiens de dire l'essentiel de leur foi. Le *Credo* est proclamé chaque dimanche au cours de la messe. Il existe sous deux formes : le "Symbole des Apôtres" et le "Symbole de Nicée-Constantinople". (N.D.E.).

aussi la vôtre.[1] » Par conséquent, n'ayez pas peur !
N'ayez pas peur du mystère de Dieu. N'ayez pas
peur de son amour. Et n'ayez pas peur de la faiblesse
de l'homme, ni de sa grandeur ! L'homme ne cesse
pas d'être grand, même dans sa faiblesse. N'ayez
pas peur d'être les témoins de la dignité de chaque
personne humaine, de l'instant de sa conception jusqu'à celui de sa mort.

Je reviens sur l'un des titres qui sont donnés au
Pape. On dit de lui, entre autres, qu'il est "le Vicaire
du Christ", son représentant. Cette appellation
trouve son origine dans l'Évangile même. Avant de
monter au ciel, Jésus a dit à ses apôtres : « *Et voici
que Je suis avec vous, tous les jours, jusqu'à la fin
du monde.*[2] » Même s'Il est invisible, Il est personnellement présent dans son Église. Il l'est aussi en
chaque chrétien en vertu du baptême et des autres
sacrements. C'est pour cette raison que, déjà du
temps des Pères, on avait coutume d'affirmer :
"*Christianus alter Christus* (le chrétien est un autre
Christ)". On voulait souligner par là l'éminente
dignité de tout baptisé et sa vocation à la sainteté
dans le Christ.

Le Christ se rend aussi spécialement présent en
chaque prêtre qui, lorsqu'il célèbre l'Eucharistie ou
administre les sacrements, agit *in persona Christi*.

Dans cette perspective, l'expression "le Vicaire du
Christ" prend sa véritable signification. Elle sous-
entend un service plutôt qu'une dignité. Elle sou-

---

1. Jn 15, 20.
2. Mt 28, 20.

ligne les tâches du Pape dans l'Église, son ministère de successeur de Pierre, ordonné au bien de l'Église et des fidèles. Saint Grégoire le Grand[1] l'avait parfaitement compris : de toutes les définitions liées à la fonction de l'Évêque de Rome, il préférait celle de *Servus servorum Dei* (serviteur des serviteurs de Dieu).

D'ailleurs, le Pape n'est pas le seul à être désigné par ce titre. Tout évêque est "Vicaire du Christ" pour l'Église qui lui est confiée. Le Pape l'est pour l'Église de Rome et, à travers elle, pour toute Église qui est en communion avec elle : communion dans la foi et communion institutionnelle, canonique[2]. Mais si l'on utilise ce titre pour suggérer la dignité particulière de l'Évêque de Rome, on ne peut pas le faire sans évoquer en même temps la dignité de tout le Collège épiscopal, à laquelle elle est très étroitement liée, ainsi qu'à la dignité de chaque évêque, de chaque prêtre et de chaque baptisé.

Et combien haute est la dignité des personnes consacrées, femmes et hommes, qui ont choisi comme vocation propre d'épouser l'Époux de l'Église, d'épouser le Christ ! Le Christ, Rédempteur du monde et de l'homme, est l'Époux de l'Église et de tous ceux qui sont en elle : « *L'Époux est avec eux.*[3] » C'est une des missions propres du

---

1. Grégoire Ier le Grand (v. 540-604). Préfet de Rome, il abandonne sa carrière et sa fortune pour se faire moine. En 590, il est élu pape malgré sa résistance : il souhaitait rester le plus petit dans l'Église. Durant son pontificat, il accomplira une œuvre remarquable. (N.D.E.).
2. Conforme aux "canons", c'est-à-dire au code de droit qui régit l'Église et les relations entre ses différents membres. (N.D.E.).
3. Cf. : Mt 9, 15.

Pape que de professer cette vérité et de la rendre en quelque sorte présente à l'Église qui est à Rome, à l'Église dans son ensemble, à toute l'humanité, au monde entier.

Aussi, pour tenter de dissiper vos craintes, puisqu'elles sont manifestement dictées par une foi sincère, je vous conseillerai la lecture de saint Augustin, qui aimait répéter : « *Vobis sum episcopus, vobiscum christianus* (pour vous je suis évêque, avec vous je suis chrétien[1]). » Si l'on y réfléchit bien, *Christianus* signifie ici bien plus qu'*episcopus*, même si c'est de l'Évêque de Rome qu'il s'agit !

---

1. Cf. : par exemple, Sermon 340, 1 ; PL 38, 1483.

PRIER : COMMENT ET POURQUOI ?

S'il en est ainsi, puis-je vous demander de nous confier une parcelle du secret de votre cœur ? La conviction qu'en votre personne, comme dans celle de chaque pape, s'incarne d'une certaine manière le mystère confessé par la foi, fait spontanément surgir une question : comment supportez-vous ce poids qui dépasse les forces humaines ? Aucun homme sur la terre, y compris les représentants suprêmes des autres religions, n'assume une telle responsabilité : personne n'est placé dans un rapport aussi étroit avec Dieu, malgré les précisions que vous avez apportées sur la responsabilité que partage chaque baptisé à son propre niveau.

Sainteté, est-il permis de vous demander : comment vous adressez-vous à Jésus ? Comment dialoguez-vous dans la prière avec ce Christ qui confia à Pierre, afin qu'elles parviennent jusqu'à vous, à travers la succession apostolique, les "clefs du Royaume des Cieux", lui donnant "le pouvoir de tout lier et délier" ?

Vous posez une question sur la prière, vous demandez au Pape comment, pour sa part, il prie. Et je vous en remercie. Peut-être le mieux est-il de prendre comme point de départ ce que dit saint Paul dans l'Épître aux Romains. L'apôtre va droit au cœur du sujet lorsqu'il écrit : « *L'Esprit vient au secours de notre faiblesse ; car nous ne savons pas prier comme il faut. L'Esprit lui-même intervient pour nous par des cris inexprimables.*[1] »

Qu'est-ce que la prière ? On pense généralement que c'est un dialogue. Dans un dialogue, il y a toujours un "je" et un "tu". Dans la prière, le Tu commence par une majuscule. L'expérience de la prière nous apprend que si, au début, le "je" nous semble l'élément le plus important, nous nous apercevons ensuite que la réalité est différente : c'est le Tu qui est le plus important, car notre prière a son origine en Dieu. C'est précisément ce que nous apprend saint Paul dans l'Épître aux Romains. Selon l'apôtre, la prière reflète toute la réalité de la créa-

---

1. Rm 8, 26.

tion ; elle a donc en un certain sens une fonction cosmique.

L'homme est le prêtre de toute la création et il parle pour elle, dans la mesure où il est conduit par l'Esprit. Il faudrait méditer longuement ce passage de l'Épître aux Romains pour pénétrer en profondeur la réalité de la prière. Lisons donc : « *En effet, la création aspire de toutes ses forces à voir cette révélation des fils de Dieu. Car la création a été livrée au pouvoir du néant, non parce qu'elle l'a voulu, mais à cause de celui qui l'a livrée à ce pouvoir. Pourtant, elle a gardé l'espérance d'être, elle aussi, libérée de l'esclavage, de la dégradation inévitable, pour connaître la liberté, la gloire des enfants de Dieu. Nous le savons bien, la création tout entière crie sa souffrance, elle passe par les douleurs d'un enfantement qui dure encore. Et elle n'est pas seule. Nous aussi, nous crions en nous-mêmes notre souffrance ; nous avons commencé par recevoir le Saint-Esprit, mais nous attendons notre adoption et la délivrance de notre corps. Car nous avons été sauvés, mais c'est en espérance...*[1] » Et c'est ici que viennent se placer les paroles que nous avons déjà citées : « *L'Esprit Saint vient au secours de notre faiblesse car nous ne savons pas prier comme il faut. L'Esprit lui-même intervient pour nous par des cris inexprimables.*[2] »

C'est donc Dieu qui joue le premier rôle dans la prière : c'est le Christ qui délivre constamment la

---

1. Rm 8, 19-24.
2. Rm 8, 26.

créature de l'esclavage de la corruption et la conduit vers la liberté, dans la gloire des enfants de Dieu ; c'est l'Esprit-Saint qui "vient au secours de notre faiblesse". Quand nous nous mettons à prier, nous avons l'impression que nous prenons l'initiative. Mais la prière est toujours une initiative de Dieu en nous. Exactement comme saint Paul le décrit. Cette initiative nous rend à notre véritable humanité et à notre vocation singulière. Elle nous introduit dans la dignité supérieure des enfants de Dieu, objet de l'attente de toute la création.

On peut et on doit utiliser différentes manières pour prier, et la Bible nous l'enseigne en nous fournissant des exemples variés. Le Livre des Psaumes est irremplaçable. Il faut prier "par des cris inexprimables" pour entrer dans le rythme des supplications de l'Esprit-Saint Lui-même. Il faut implorer pour obtenir le pardon, en s'unissant à la "violente clameur" du Christ rédempteur[1]. Et sans jamais cesser de proclamer la gloire de Dieu. Car finalement la prière est toujours un *opus gloriae*, un ouvrage qui contribue à la gloire de Dieu. L'homme est le prêtre de la création. Le Christ l'a confirmé dans cette dignité et cette vocation. La créature accomplit l'*opus gloriae* du Seigneur en étant ce qu'elle est et en acceptant de devenir ce qu'elle est appelée à être.

La science et la technique servent, elles aussi, d'une certaine façon à atteindre le même but. Mais,

---

1. Cf. : He 5,7. « *Pendant les jours de sa vie mortelle*, (le Christ) *a présenté avec une violente clameur et dans les larmes, sa prière et sa supplication à Dieu qui pouvait le sauver de la mort ; et, parce qu'Il s'est soumis en tout, Il a été exaucé.* » (C.D.E.).

en tant qu'activités humaines, elles peuvent aussi éloigner de ce but ultime. Ce risque est particulièrement présent dans notre civilisation, et c'est précisément pour cette raison qu'elle a tant de mal à être une civilisation de la vie et de l'amour. C'est l'*opus gloriae* qui lui manque, l'œuvre de gloire, vocation fondamentale de toute créature et d'abord de l'homme, qui a été créé pour devenir, dans le Christ, prêtre, prophète et roi de toute la Création.

On a beaucoup écrit sur la prière ; on en a encore davantage fait l'expérience dans l'histoire du genre humain, particulièrement dans l'histoire d'Israël et du christianisme. L'homme atteint la plénitude de la prière non pas quand il se laisse aller à l'expression de sa singularité, mais quand il laisse la présence de Dieu rayonner en lui. L'histoire de la prière mystique, en Orient comme en Occident, en témoigne : saint François, sainte Thérèse d'Avila, saint Jean de la Croix, saint Ignace de Loyola, et en Orient, par exemple, saint Séraphin de Sarov et tant d'autres.

LA PRIÈRE DU "VICAIRE DU CHRIST"

Ces précisions sur la prière chrétienne étaient sans doute opportunes. Mais permettez-moi de revenir à la question posée : comment, pour qui et pour quoi prie le Pape ?

Il faudrait le demander au Saint-Esprit ! Le Pape prie comme l'Esprit Saint le lui permet. Je pense qu'il doit prier de façon à pouvoir mieux accomplir son ministère, en approfondissant le mystère révélé dans le Christ. En cela, l'Esprit Saint le conduit certainement. Il suffit que l'homme n'élève point d'obstacles. « *L'Esprit vient au secours de notre faiblesse.* »

Pour quoi le Pape prie-t-il ? Qu'est-ce qui emplit l'espace intérieur de sa prière ?

Le document final du Concile Vatican II, la Constitution pastorale sur l'Église dans le monde de ce temps, commence par ces mots : « *Gaudium et spes, luctus et angor hominum huius temporis* (Les joies et les espoirs, les tristesses et les angoisses des hommes de ce temps). » Voilà l'objet de la prière du Pape.

Évangile veut dire Bonne Nouvelle. Et cette Bonne Nouvelle est toujours une invitation à la joie. Qu'est-ce que l'Évangile ? C'est une magnifique justification du monde et de l'homme, parce que c'est la révélation de la vérité sur Dieu. Dieu est la

première source de joie et d'espérance de l'homme.
Dieu tel que le Christ nous l'a révélé. Dieu qui est
Créateur et Père : « *Dieu a tant aimé le monde qu'Il
a donné Son Fils unique afin que l'homme ne meure
pas mais ait la vie éternelle.*[1] »

L'Évangile manifeste avant tout la joie de la création. Dieu — Lui qui, en créant, « voit que cela est
bon[2] » — est source de joie pour toutes les créatures,
et pour l'homme au plus haut degré. Le Dieu créateur semble dire à toute la création : « Il est bon que
tu existes ». Cette joie qu'Il éprouve est communi-
quée spécialement par la Bonne Nouvelle qui nous
annonce que le bien est plus fort que tout le mal présent dans le monde. Car le mal n'est ni originel ni
définitif. C'est un des points où le christianisme se
distingue nettement de toute forme de pessimisme
existentiel.

La création a été donnée à l'homme. Elle lui a été
confiée non pour lui être une source de souffrance,
mais pour constituer le fondement d'une existence
créatrice dans le monde. Un homme qui croit en la
bonté originelle des créatures est capable de pénétrer
tous les secrets de la création afin de perfectionner
continuellement l'œuvre qui lui a été confiée par
Dieu. Celui qui accepte la Révélation, et en particulier l'Évangile, prend clairement conscience que
mieux vaut exister que ne pas exister. C'est pourquoi l'horizon de l'Évangile n'offre d'espace à
aucune espèce de *nirvâna*, d'apathie ou de résigna-

---

1. Jn 3, 16.
2. Cf. : Gn 1, 1-25.

tion. Au contraire, un grand défi est proposé à l'homme : celui de perfectionner tout ce qui est créé, que ce soit lui-même ou le monde.

Cette joie propre à la création est de plus complétée par la joie du salut, par la joie de la rédemption. L'Évangile annonce en premier lieu une grande joie : celle du salut de l'homme ! Le Créateur de l'homme est aussi son Rédempteur. Non seulement le Sauveur affronte le mal sous toutes ses formes présentes dans le monde, mais Il proclame aussi la victoire sur le mal. « *J'ai vaincu le monde* », dit le Christ[1]. Cette parole trouve sa pleine garantie dans le Mystère pascal[2]. Pendant la veillée pascale l'Église chante dans l'allégresse : « *O felix culpa, quae talem ac tantum meruit habere Redemptorem* (Ô heureuse faute qui nous a mérité un tel Rédempteur !).[3] »

Le motif de notre joie réside donc dans le fait d'être capable de vaincre le mal et d'accueillir la filiation divine. Voilà l'essence même de la Bonne Nouvelle. Dieu donne ce pouvoir à l'homme dans le Christ : « *Le Fils unique vient dans le monde non pas pour juger le monde, mais pour que le monde soit sauvé du mal.*[4] »

La Rédemption est l'élévation de la création à une dimension nouvelle. Toute la création est saisie par une sanctification rédemptrice, et même par une

---

1. Cf. : Jn 16, 33.
2. Le Mystère de la Passion, de la mort et de la Résurrection du Fils de Dieu fait homme. (N.D.E.).
3. *Exultet.*
4. Jn 3, 17.

divinisation : c'est comme si la création était attirée dans l'orbite de la divinité et de la vie intime de Dieu. À ce niveau, la force destructrice du péché est vaincue. La vie indestructible qui s'est manifestée dans la Résurrection du Christ "avale" pour ainsi dire la mort. « *Mort, où est ta victoire ?* » demande l'apôtre Paul, le regard fixé sur le Christ ressuscité[1].

En tant que témoin du Christ et ministre de la Bonne Nouvelle, le Pape est l'homme de la joie et de l'espérance, l'homme qui affirme la valeur fondamentale de l'existence, la valeur de la création et l'espérance dans la vie future. Bien sûr, il ne s'agit ni d'une joie naïve ni d'une espérance vaine. La joie de la victoire sur le mal n'occulte pas la réalité de la présence du mal dans le monde et en chaque homme. Cette perception se trouve au contraire, avivée. L'Évangile apprend à appeler le bien et le mal par leurs noms, mais il nous apprend aussi que chacun peut et doit « *être vainqueur du mal par le bien*[2] ».

Voici l'expression la plus authentique de la morale chrétienne. Si elle est totalement tendue vers les valeurs les plus hautes, si elle s'inspire d'une affirmation aussi universelle du bien, la morale chrétienne ne peut qu'être extrêmement exigeante. En effet, faire le bien ne va pas de soi : c'est toujours la voie étroite dont le Christ parle dans l'Évangile[3]. Ainsi la joie du bien et l'espérance de son triomphe

---

1. 1 Co 15, 55.
2. Rm 12, 21.
3. Cf. : Mt 7, 14.

en l'homme et dans le monde n'excluent pas la crainte pour ce bien, la crainte que l'espérance ne se révèle vaine.

Oui, le Pape, comme tout chrétien, doit avoir une claire conscience des dangers qui menacent la vie de l'homme dans le monde, son avenir dans le temps et son avenir ultime, éternel, eschatologique[1]. Mais la conscience de ces dangers ne conduit pas au pessimisme. Elle incite seulement à lutter pour la victoire du bien à tous les niveaux. Et c'est précisément au cœur de ce combat pour la victoire du bien, en l'homme et dans le monde, que jaillit le besoin de prier.

Cependant, la prière du Pape a une dimension toute particulière. Le souci de toutes les Églises, qu'il porte dans sa pensée et dans son cœur, conduit le Pontife à accomplir chaque jour, par la prière, un pèlerinage à travers le monde entier. Se révèle ainsi une sorte de géographie de la prière du Pape : celle des communautés, des Églises, des sociétés et aussi des problèmes qui assaillent le monde contemporain. En ce sens, le Pape est donc appelé à une prière universelle où la « *sollicitudo omnium Ecclesiarum* (le souci de toutes les Églises)[2] » lui permet d'exposer devant Dieu toutes les joies et tous les espoirs et en même temps les souffrances et les angoisses que l'Église partage avec l'humanité contemporaine.

---

1. Qui est relatif à la destinée finale de l'homme et du monde. (N.D.E.).
2. 2 Co 11, 28.

On pourrait également évoquer la prière propre à
notre temps, la prière du XXe siècle. L'an deux mille
constitue un véritable défi. Il faut reconnaître le bien
immense né du mystère de l'Incarnation du Verbe,
mais en même temps il ne faut pas se dissimuler le
mystère du péché qui est en expansion constante.
Saint Paul écrit : « *Là où le péché s'était multiplié
(ubi abundavit peccatum), la grâce a surabondé
(superabundavit gratia).*[1] »

Cette vérité profonde renouvelle en permanence
l'appel pressant à prier. Elle montre combien la
prière est nécessaire au monde et à l'Église, parce
qu'en définitive elle constitue la manière la plus
simple de rendre Dieu et son amour salvateur présents au monde. Dieu a confié aux hommes leur
propre salut ; il a confié aux hommes l'Église, et
dans l'Église toute l'œuvre salvatrice du Christ. À
chacun d'entre nous, il a confié chaque être humain
en particulier et l'humanité dans son ensemble. À
chacun il a confié tous les êtres humains, et il a
confié chacune à tous. La conscience de cette extraordinaire réalité doit toujours trouver un écho dans
la prière de l'Église et en particulier dans la prière du
Pape.

Nous sommes tous « *enfants de la promesse*[2] ». Le
Christ disait à ses apôtres : « *Gardez courage ; j'ai
vaincu le monde.*[3] » Mais il s'inquiétait aussi : « *Le
Fils de l'homme, quand Il viendra, trouvera-t-il la*

1. Rm 5, 20.
2. Ga 4, 28.
3. Jn 16, 33.

foi sur la terre ?[1] » Voilà l'origine de la dimension missionnaire de la prière de l'Église et du Pape.

L'Église prie afin que s'accomplisse partout l'œuvre du Christ qui sauve le monde ; elle prie pour pouvoir elle-même vivre en accomplissant sans cesse la mission qu'elle a reçue de Dieu. Comme l'a rappelé Vatican II, cette mission détermine en quelque sorte son essence même.

Donc l'Église et le Pape prient pour les personnes auxquelles cette mission doit être plus particulièrement confiée. Ils prient pour les vocations : non seulement les vocations sacerdotales et religieuses, mais aussi pour les nombreuses vocations à la sainteté parmi les laïcs du peuple de Dieu.

L'Église prie encore pour tous ceux qui souffrent. La souffrance constitue toujours une dure épreuve, non seulement physique mais aussi morale. La vérité énoncée par saint Paul lorsqu'il affirme que, par ses souffrances, il « *complète en sa chair ce qui manque aux épreuves du Christ*[2] » est au cœur de l'Évangile. Trouver joie et espérance, même au cœur de la souffrance, est un aspect essentiel de la Bonne Nouvelle ; mais l'homme ne peut franchir le seuil de cette vérité s'il n'y est pas conduit par l'Esprit Saint. La prière pour tous ceux qui souffrent, et avec eux, s'intègre nécessairement à cette grande clameur que l'Église et le Pape élèvent en s'unissant au Christ. C'est un cri pour que le bien l'emporte,

---

1. Lc 18, 8.
2. Col 1, 24.

même à travers le mal, la souffrance, toutes les fautes et les injustices humaines.

Enfin, l'Église prie pour les défunts et cette prière est révélatrice de la vie de l'Église elle-même : l'Église demeure dans l'espérance de la vie éternelle. La prière pour les défunts s'apparente à un combat contre la réalité de la mort, contre cette destruction qui menace inexorablement l'existence de l'homme sur terre. Cette prière conduit toujours à recevoir personnellement la révélation de la Résurrection : le Christ Lui-même témoigne de la vie et de l'immortalité qui sont promises par Dieu à chaque être humain.

La prière est à la fois recherche de Dieu et révélation de Dieu. Dieu s'y révèle comme Créateur et Père, Rédempteur et Sauveur, Esprit qui « *sonde tout, jusqu'aux profondeurs de Dieu*[1] » et non moins « *les secrets du cœur*[2] ». Dans la prière, Dieu se révèle avant tout comme Miséricorde, c'est-à-dire comme Amour qui vient à la rencontre de l'homme souffrant. Cet Amour soutient, relève, invite à la confiance. La victoire du bien dans le monde est intimement liée à cette vérité. L'homme qui prie professe cette vérité et en quelque sorte rend présent au milieu du monde le Dieu qui est Amour miséricordieux.

---

1. 1 Co 2, 10.
2. Cf. : Ps 43(44), 22.

DIEU EXISTE-T-IL ?

La foi des chrétiens catholiques, dont vous êtes "le pasteur et maître" (au nom de l'unique Pasteur et Maître), a trois "degrés", trois "paliers" liés les uns aux autres : Dieu, Jésus-Christ, l'Église.

Chaque chrétien croit que Dieu existe.

De même, chaque chrétien croit que ce Dieu non seulement a parlé, mais qu'Il s'est incarné en un personnage historique, sous l'empire romain : Jésus de Nazareth.

Parmi les chrétiens, cependant, les catholiques vont plus loin : ils croient que ce Dieu, ce Christ, vit et agit, comme en un "corps" (pour employer un terme du Nouveau Testament*) dans l'Église, dont le Chef visible sur la terre en ce moment, c'est vous, l'Évêque de Rome.*

Bien sûr, la foi est un don, une grâce divine. Mais la raison aussi est un don de Dieu. Comme l'y ont invité les saints et les docteurs de l'Église depuis toujours, le chrétien "croit pour comprendre" ; mais il est aussi appelé à "comprendre pour croire".

Commençons donc par le commencement. Sainteté, en restant, au moins pour l'instant s'il est possible, dans une perspective humaine, l'homme peut-il parvenir à la certitude que Dieu existe vraiment, et si oui comment ?

V OTRE question vise, en dernière analyse, la distinction établie par Blaise Pascal entre l'Absolu, c'est-à-dire le Dieu des philosophes (que l'on appelait "libertins" et "rationalistes") et le Dieu de Jésus-Christ (et avant Lui le Dieu des Patriarches, d'Abraham à Moïse). Seul, ce dernier est le Dieu vivant. Le premier n'est que le produit de la pensée humaine, de la spéculation, qui cependant reste capable de dire de lui quelque chose de vrai, comme nous le rappelle la Constitution conciliaire sur la Révélation divine, *Dei Verbum*[1]. Tous les arguments de la raison, en fin de compte, suivent le chemin indiqué par le Livre de la Sagesse et l'Épître aux Romains : celui qui mène du monde visible à l'Absolu invisible.

Aristote et Platon ont suivi ce chemin, chacun à sa façon. La tradition chrétienne, antérieure à Thomas d'Aquin, dont Augustin lui-même, était davantage inspirée par Platon, tout en cherchant à juste titre à s'en distancier. Pour les chrétiens, l'Absolu philo-

---

1. *Dei Verbum*, n° 3.

sophique, considéré comme l'Être premier ou le Bien suprême, n'avait pas grande signification. À quoi bon entrer dans des spéculations philosophiques sur Dieu, se demandaient-ils, si le Dieu vivant avait parlé, non seulement par les prophètes, mais encore par son propre Fils ? La théologie des Pères de l'Église, surtout en Orient, s'est écartée de plus en plus de Platon et des philosophes en général. Plus tard, la philosophie elle-même, au sein du christianisme, a fini par devenir théologie (comme, par exemple, à l'époque moderne, chez Vladimir Soloviev[1]).

Au contraire, saint Thomas n'a pas abandonné la voie ouverte par les philosophes. Il commence sa *Somme théologique* par la question : « *An Deus sit* ? (Dieu existe-t-il ?)[2] » C'est la question que vous posez. Cette question s'est révélée fort utile. Non seulement elle a permis la mise au point de la théodicée[3], mais la civilisation occidentale tout entière, qu'on se plaît à considérer comme la plus développée, a suivi l'évolution de la réponse à cette question. Et même si, aujourd'hui, la *Somme théologique* a été mise un peu de côté, la question initiale

---

1. Théologien et philosophe russe (1853-1900). Découvrant avec enthousiasme le positivisme occidental et l'exégèse critique de Renan, il se proclamait athée et matérialiste. Mais bientôt, il retrouva la foi de son enfance et se consacra à la philosophie comme un apostolat. Censuré par le pouvoir tsariste, il fut même interdit d'enseignement. Théologien de l'amour de Dieu et de l'unité de l'Église, il fut considéré comme un prophète par de nombreux intellectuels. Dostoïevski l'a mis en scène dans le personnage d'Aliocha des *Frères Karamazov*. (N.D.E.).
2. Cf. : I a, q. 2, a. 3.
3. Ou théologie naturelle (rationnelle), justifiant la bonté de Dieu malgré l'existence du mal. (N.D.E.).

demeure et ne cesse de résonner dans notre civilisation.

Pour continuer notre réflexion, il convient maintenant de citer entièrement un passage de la Constitution *Gaudium et spes* du Concile Vatican II :

« En vérité, les déséquilibres qui travaillent le monde moderne sont liés à un déséquilibre plus fondamental, qui prend racine dans le cœur même de l'homme. C'est en l'homme lui-même, en effet, que de nombreux éléments se combattent. D'une part, comme créature, il fait l'expérience de ses multiples limites ; d'autre part, il se sent illimité dans ses désirs et appelé à une vie supérieure. Sollicité de tant de façons, il est sans cesse contraint de choisir et de renoncer. Pire : faible et pécheur, il accomplit souvent ce qu'il ne veut pas et n'accomplit point ce qu'il voudrait[1]. En somme, c'est en lui-même qu'il souffre division, et c'est de là que naissent au sein de la société tant et de si grandes discordes (...). Néanmoins, le nombre croît de ceux qui, face à l'évolution présente du monde, se posent les questions les plus fondamentales ou les perçoivent avec une acuité nouvelle. Qu'est-ce que l'homme ? Que signifient la souffrance, le mal, la mort, qui subsistent malgré tant de progrès ? À quoi bon ces victoires payées d'un si grand prix ? Que peut apporter l'homme à la société ? Que peut-il en attendre ? Qu'adviendra-t-il après cette vie ?

---

1. Cf. : Rm 7, 14ss.

« L'Église, quant à elle, croit que le Christ, mort et ressuscité pour tous[1], offre à l'homme, par son Esprit, lumière et forces pour lui permettre de répondre à sa très haute vocation. Elle croit qu'il n'est pas sous le ciel d'autre nom donné aux hommes par lequel ils doivent être sauvés[2]. Elle croit aussi que la clé, le centre et la fin de toute histoire humaine se trouvent en son Seigneur et Maître.[3] »

Ce texte conciliaire est immensément riche. On s'aperçoit clairement, en le lisant, que la réponse à la question *"Dieu existe-t-il ?"* ne s'adresse pas seulement à la raison ; car c'est aussi une question qui porte sur toute l'existence humaine. Elle dépend certes des situations très diverses où l'homme se trouve lorsqu'il cherche la signification et le sens de son existence. Mais la question de l'existence de Dieu demeure intimement liée à celle de la finalité de l'existence même de l'homme. Il ne s'agit pas seulement de la raison, car la volonté de l'homme est également impliquée. C'est même une question qui touche le cœur humain (les "raisons du cœur" de Blaise Pascal). À mon avis, il est injuste de voir dans l'approche de saint Thomas une démarche purement rationaliste. Certes, on ne peut qu'être d'accord avec Étienne Gilson[4] lorsqu'il affirme que la raison est la

---

1. Cf. : 2 Co 5, 15.
2. Cf. : Ac 4, 12.
3. *Gaudium et spes*, n° 10.
4. Professeur à la Sorbonne et au Collège de France, membre de l'Académie française, Étienne Gilson (1884-1978) est le grand historien de la philosophie du Moyen Âge. (N.D.E.).

plus merveilleuse création de Dieu, mais cela ne signifie aucunement que l'on verse par là dans un rationalisme unilatéral. Car Thomas d'Aquin affirme la richesse et la complexité de tout être créé, et en particulier de l'être humain. Il est regrettable que sa pensée ait été négligée après le concile, car, de fait, il ne cesse d'être le maître de l'universalisme philosophique et théologique. Et c'est dans cette perspective qu'il faut étudier ses *quinque viae*, c'est-à-dire les cinq voies qui conduisent vers la réponse à la question : "Dieu existe-t-il ?"

QUELLES PREUVES AVONS-NOUS
DE L'EXISTENCE DE DIEU ?

Permettez-moi une petite pause. Je ne mets évidemment pas en doute la valeur philosophique et théorique de ce que vous avez commencé à exposer. Mais ce genre d'argumentation a-t-il encore une signification concrète pour l'homme d'aujourd'hui, lorsqu'il s'interroge sur Dieu, sur son existence, sur son essence ?

A MON AVIS, aujourd'hui plus que jamais. Et certainement plus qu'à d'autres époques, pourtant proches. En effet la mentalité positiviste, qui avait pris une importance considérable à la fin du XIXᵉ siècle et au début du XXᵉ, se trouve aujourd'hui en un certain sens battue en brèche. L'homme contemporain redécouvre le sacré, bien qu'il ne sache pas toujours l'appeler par son nom.

Le positivisme n'a pas été seulement une philosophie ou une méthodologie ; il a été une de ces écoles du doute qui ont fleuri et prospéré à l'époque contemporaine. L'homme est-il vraiment capable de connaître quelque chose de plus que ce que ses yeux voient et ses oreilles entendent ? Y a-t-il une autre connaissance possible que le savoir strictement empirique ? Les facultés de la raison humaine sont-elles entièrement soumises aux sens et dirigées intérieurement par les lois de la mathématique, qui se sont révélées particulièrement utiles pour ordonner rationnellement les phénomènes et pour guider les processus du progrès technique ?

Si l'on adopte la vision positiviste, des concepts tels que Dieu ou l'âme perdent toute signification. En effet rien ne permet de les appréhender dans l'expérience sensorielle.

Mais c'est justement cette approche qui est remise en cause actuellement, au moins dans certains domaines. Nous pouvons le constater, par exemple, en comparant les premières et les dernières œuvres de Ludwig Wittgenstein, le philosophe autrichien de la première moitié de notre siècle.

Personne d'ailleurs ne conteste le fait que la connaissance humaine procède en premier lieu d'une connaissance sensorielle. Aucun des philosophes classiques, ni Platon ni Aristote, ne l'a jamais mis en doute. Le réalisme de la connaissance, aussi bien le réalisme dit naïf que le réalisme critique, sont d'accord : *Nihil est in intellectu, quod prius non fuerit in sensu* (il n'existe rien dans l'intellect qui n'ait d'abord existé dans la perception sensorielle). Cependant, les limites de cette perception ne sont pas exclusivement sensorielles. Nous savons, en effet, que l'homme ne perçoit pas seulement les couleurs, les tonalités et les formes, mais qu'il perçoit les objets globalement : par exemple, il connaît non seulement un ensemble de qualités concernant l'objet "homme", mais aussi l'homme en lui-même, en tant que personne. Il connaît donc des vérités qui sont extrasensorielles ou, autrement dit, qui se situent au-delà de l'expérience. On ne peut cependant pas non plus affirmer que ce qui est au-delà de l'expérience, c'est-à-dire ce qui dépasse et surpasse le domaine empirique, cesse pour autant d'être empirique.

Il est donc juste de parler d'expérience humaine, d'expérience morale et d'expérience religieuse. S'il est possible d'évoquer ces expériences, il est difficile de nier qu'au sein de l'expérience humaine trouvent place le bien et le mal, la vérité et la beauté. On peut donc aussi y trouver Dieu. En lui-même, Dieu n'est certes pas objet d'une connaissance empirique. Les Écritures le soulignent à leur façon : « *Nul n'a jamais vu Dieu.*[1] » Si Dieu est objet de connaissance, Il l'est, comme nous le disent d'un commun accord le Livre de la Sagesse et l'Épître aux Romains, sur la base de l'expérience que fait l'homme à la fois du monde visible et de son propre monde intérieur. C'est là qu'Emmanuel Kant quitte la route traditionnelle, tracée par les livres bibliques, et de saint Thomas d'Aquin, pour emprunter celle de l'expérience éthique : l'homme se reconnaît en tant qu'être éthique, capable d'agir selon les critères du bien et du mal, et non pas seulement ceux du profit et du plaisir. Il se reconnaît aussi en tant qu'être religieux, capable d'entrer en contact avec Dieu. La prière, dont nous avons parlé précédemment, est en un certain sens la première preuve de cette réalité.

En s'éloignant des présupposés positivistes, la pensée contemporaine a franchi des étapes décisives vers une découverte toujours plus complète de l'homme. Par exemple avec la découverte de la valeur du langage métaphorique et symbolique.

---

1. Jn 1, 18.

L'herméneutique[1] contemporaine, que nous rencontrons dans les ouvrages de Paul Ricœur entre autres ou, sous un angle différent, dans ceux d'Emmanuel Lévinas, nous fait approcher, grâce à des perspectives nouvelles, la vérité sur le monde et sur l'homme. Autant le positivisme nous éloigne de cette compréhension plus large, et en un certain sens nous l'interdit, autant l'herméneutique, qui puise dans la signification du langage symbolique, nous permet de retrouver cette vision et même en quelque sorte de l'enrichir. Je ne dis évidemment pas cela dans l'intention de nier la capacité de la raison à formuler des concepts fiables sur Dieu et sur les vérités de la foi.

C'est pour cette raison que la philosophie de la religion est si importante pour la pensée contemporaine ; par exemple celle de Mircea Eliade, et chez nous, en Pologne, celle de l'archevêque Marian Jaworski et de l'école de Lublin. Nous sommes témoins d'un retour symptomatique à la métaphysique, c'est-à-dire à la philosophie de l'être, à travers l'"anthropologie intégrale". On ne peut pas penser convenablement à l'homme sans cette référence à Dieu qui est essentielle pour lui. C'est ce que saint Thomas appelait « *actus essendi* », dans le langage de la philosophie de l'existence. La philosophie de la religion exprime la même chose en utilisant les catégories de l'expérience anthropologique.

---

1. Science qui définit les principes et les méthodes d'interprétation des textes. L'herméneutique permet de découvrir le sens que l'on donne à un texte en fonction du point de vue où l'on se place pour l'étudier. (N.D.E.).

Les philosophes du dialogue, tels que Martin Buber ou Emmanuel Levinas, que nous venons de citer, ont beaucoup contribué à cette expérience. Désormais, nous nous retrouvons très proches de saint Thomas, mais le chemin passe moins par l'être et l'existence, que par les personnes et leur rencontre : à travers le "je" et le "tu". C'est là une dimension fondamentale de l'existence de l'homme, qui est toujours une coexistence.

Où les philosophes du dialogue ont-ils appris cela ? Ils l'ont puisé avant tout dans l'expérience de la Bible. La vie humaine tout entière est une coexistence dans le quotidien — "tu" et "je" —, mais aussi dans la dimension absolue et définitive : "je" et "Tu". La tradition biblique tourne autour de ce "Tu", qui est d'abord le Dieu d'Abraham, d'Isaac et de Jacob, le Dieu des Patriarches, et ensuite le Dieu de Jésus-Christ et des apôtres, le Dieu de notre foi.

Notre foi est profondément anthropologique, fondamentalement enracinée dans la coexistence du peuple de Dieu et la communion avec le "Tu" éternel. Une telle coexistence est essentielle pour notre tradition judéo-chrétienne et vient de l'initiative de Dieu Lui-même. Elle se situe dans la droite ligne de la création dont elle est le prolongement. Et en même temps, comme dit saint Paul, elle est « *l'élection de l'homme, dès avant la fondation du monde, dans le Verbe qui est le Fils*[1] ».

---

1. Ep 1, 4.

SI DIEU EXISTE,
POURQUOI SE CACHE-T-IL ?

Donc, Dieu existe. Mais alors, la protestation de tant de gens, hier comme aujourd'hui, n'est-elle pas compréhensible : pourquoi ne se révèle-t-Il pas plus clairement ? Pourquoi ne donne-t-Il pas des preuves tangibles et accessibles à tous de son existence ? Pourquoi sa mystérieuse stratégie ressemble-t-elle tant à un jeu de cache-cache avec ses créatures ?

Certes, il y a des raisons pour croire ; mais, comme beaucoup l'ont soutenu et le soutiennent encore, il y a aussi des raisons pour douter, voire pour nier. Les choses ne seraient-elles pas plus simples si l'existence de Dieu était évidente ?

J E PENSE que les questions que vous posez, et que tant d'autres se posent, ne peuvent être situées ni dans la problématique de saint Thomas, ni dans celle de saint Augustin, ni dans celle de la grande tradition judéo-chrétienne. Il me semble que ces questions ont une origine différente : le rationalisme pur, caractéristique de la philosophie moderne. Son histoire commence avec Descartes qui a, en quelque sorte, détaché la pensée de l'existence dans son intégralité et l'a identifiée avec la raison même : *Cogito, ergo sum* (Je pense, donc je suis).

Quelle différence avec saint Thomas, pour lequel ce n'est pas la pensée qui détermine l'existence, mais, au contraire, l'existence, le fait d'être qui détermine la pensée ! Je pense comme je pense, parce que je suis ce que je suis, c'est-à-dire une créature, et parce que Dieu est Celui qu'Il est, c'est-à-dire le Mystère absolu non créé. S'il n'était pas Mystère, la Révélation ne serait pas nécessaire. Pour être tout à fait exact, la révélation que Dieu fait de lui-même ne serait pas nécessaire.

Vos questions ne seraient fondées que si l'homme pouvait, par son intellect créé et limité par sa subjectivité, franchir la distance qui sépare la créature du Créateur, la distance entre l'être contingent, dépendant, et l'Être essentiel (selon l'expression bien connue du Christ, adressée à sainte Catherine de Sienne : « *Celle qui n'est pas* » et « *Celui qui est* »[1]).

Les problèmes qui vous préoccupent se retrouvent aussi dans vos livres, et s'expriment en une série de questions. Vous ne les posez pas seulement en votre nom ; vous essayez de vous faire le porte-parole de nos contemporains ; vous essayez de les aider dans leur recherche de Dieu, parfois difficile, tourmentée, voire sans issue. Votre inquiétude transparaît dans la question : pourquoi n'y a-t-il pas de preuves irréfutables de l'existence de Dieu ? Pourquoi semble-t-Il se cacher, comme s'Il jouait avec ses créatures ? Ne conviendrait-il pas que tout soit beaucoup plus simple, que son existence soit tout à fait évidente ? Toutes ces questions appartiennent au répertoire de l'agnosticisme contemporain. Agnosticisme ne veut pas dire athéisme ; surtout, il ne s'agit pas d'un athéisme programmatique, comme l'athéisme marxiste et, dans un contexte différent, l'athéisme des "Lumières".

Cependant, vos questions contiennent des formulations classiques, qui viennent de l'Ancien et du Nouveau Testament. Quand vous parlez du Dieu qui se cache, vous utilisez presque le langage de Moïse, lui qui souhaitait voir Dieu en face mais ne put que

---

1. Raymond de Capoue, *Legenda maior*, 1, 10, 92.

voir « *son dos[1]* ». N'est-ce pas la connaissance de Dieu à travers sa création qui est suggérée là ?

Et quand vous parlez de "jouer", c'est l'expression du Livre des Proverbes, où la Sagesse « *s'ébat sur la surface de la terre parmi les enfants des hommes[2]* », qui me vient à l'esprit. Ceci ne signifie-t-il pas que la Sagesse de Dieu se donne aux créatures sans pourtant leur révéler tout son mystère ?

La révélation que Dieu fait de Lui-même s'opère de façon particulièrement manifeste à travers son "humanisation". Là encore, la grande tentation revient à effectuer — comme l'a expliqué Ludwig Feuerbach — la réduction classique du divin à l'humain. Cette idée appartient à Feuerbach, et c'est chez lui que s'enracine l'athéisme marxiste, mais — *ut minus sapiens*, "je vais dire une folie[3]" — la provocation vient de Dieu Lui-même, car Il s'est vraiment fait homme en son Fils et Il est né de la Vierge. À partir de cette naissance, à travers la Passion, la Croix et la Résurrection, la Révélation de Dieu par Lui-même dans l'histoire des hommes atteint son sommet : la révélation du Dieu invisible dans l'humanité visible du Christ.

À la veille de la Passion, les apôtres demandaient encore au Christ : « *Montre-nous le Père.[4]* » Sa

---

1. Cf. : Ex 33, 18-23. « *Moïse dit à Yahvé : "Fais-moi de grâce voir ta gloire."* (...) *(Yahvé dit :) "Tu ne peux pas voir ma face car l'homme ne peut me voir sans mourir."* Yahvé dit encore : (...) *"Quand passera ma gloire, je te couvrirai de ma main jusqu'à ce que je sois passé. Puis j'écarterai ma main et tu verras mon dos ; mais ma face, nul ne peut la voir".* » (C.D.E.).
2. Pr 8, 31.
3. 2 Co 11, 23.
4. Jn 14, 8.

réponse reste décisive : « *Comment pouvez-vous
dire* : *"Montre-nous le Père"* ? *Vous ne croyez donc
pas que je suis le Père et que le Père est en moi ?...
Croyez au moins à cause des œuvres... Le Père et
moi, nous sommes un.*[1] »

Ces paroles du Christ vont très loin. Nous nous
trouvons quasiment face à l'expérience directe de
Dieu à laquelle aspire l'homme contemporain. Mais
cette expérience directe n'est pas la connaissance de
Dieu « *face à face*[2] », la reconnaissance de Dieu
comme Dieu.

Essayons de réfléchir sans parti pris ni passion :
Dieu pouvait-il aller plus loin dans sa condescen-
dance, dans son "approche" de l'homme et des capacités de connaissance qu'a celui-ci ? En vérité, Il
semble être allé aussi loin qu'il était possible. Il
n'aurait pas pu aller plus loin. En un certain sens,
Dieu est même allé trop loin ! Le Christ n'est-il pas
devenu « *scandale pour les Juifs et folie pour les
païens*[3] » ? Justement parce qu'Il appelait Dieu son
Père, parce qu'Il Le révélait si ouvertement en soi,
ceci ne pouvait que paraître excessif... L'homme
s'est révélé incapable de tolérer cette proximité ;
c'est ainsi que sont apparues les contestations.

Cette immense contestation a des noms précis :
c'est d'abord la Synagogue, ensuite l'Islam. Ni l'une
ni l'autre ne peut accepter un Dieu aussi humain. Et
de protester : "Ce n'est pas digne de Dieu. Il doit

---

1. Jn 14, 9-11 ; 10, 30.
2. 1 Co 13, 12.
3. 1 Co 1, 23.

rester absolument transcendant, Majesté pure. Certes, une Majesté pleine de miséricorde, mais pas jusqu'à payer pour les fautes et les péchés de sa propre créature !"

D'un certain point de vue, il est donc justifié de soutenir que Dieu est allé trop loin en se révélant à l'humanité, en exposant ce qu'Il a de plus divin, c'est-à-dire sa vie intime : Il s'est révélé dans son Mystère. Mais il ne s'est pas arrêté au risque que cette révélation le masque en quelque sorte au regard humain. C'est que l'homme n'est pas capable de supporter l'excès du Mystère, parce que l'homme n'accepte pas d'être possédé et soumis par le Mystère. Oui, l'homme veut bien que Dieu soit Celui en qui « *nous avons la vie, le mouvement et l'être*[1] », mais il peine à concevoir pourquoi cette vérité devrait être confirmée par la mort et la résurrection de Dieu. Pourtant, saint Paul écrit : « *Mais si le Christ n'est pas ressuscité, vide alors est notre message, vide aussi votre foi.*[2] »

---

1. Ac 17, 28.
2. 1 Co 15, 14.

PEUT-ON SÉRIEUSEMENT PRÉTENDRE QUE JÉSUS EST DIEU ?

Passons donc résolument du problème de Dieu au problème de Jésus, comme d'ailleurs vous avez déjà commencé à le faire.

Pourquoi Jésus ne pourrait-il être seulement un sage, comme Socrate ? Ou un "prophète", comme Mahomet ? Ou un "illuminé", comme le Bouddha ? Comment justifier la certitude, sans équivalent connu, que ce Juif condamné à mort dans une obscure province de l'Empire romain est le Fils de Dieu, de même nature que le Père ? Dans sa radicalité, cette revendication chrétienne n'a de parallèle dans aucune autre croyance religieuse. Saint Paul lui-même la définit comme « un scandale et une folie ».

Saint paul est profondément conscient de l'originalité absolue du Christ, qui est unique et inimitable. S'il était seulement un sage comme Socrate, un "prophète" comme Mahomet, s'il était un "illuminé" comme le Bouddha, sans aucun doute le Christ ne serait pas ce qu'Il est. Il est l'unique Médiateur entre Dieu et les hommes.

Il est le Médiateur parce qu'il est Dieu-fait-Homme. Il porte en Lui tout l'univers intime de la divinité, tout le mystère trinitaire, en même temps que le mystère de la vie à la fois dans le temps et dans l'immortalité. Il est véritablement homme, mais en Lui le divin ne se confond pas avec l'humain : Il reste absolument divin.

Mais cela n'empêche pas le Christ d'être pleinement humain ! De ce fait, toute l'humanité et son histoire entière trouvent leur expression en Lui devant Dieu. Non pas devant un Dieu lointain et inaccessible, mais devant Dieu qui est en Jésus-Christ, ou plutôt qui est le Christ Lui-même. C'est quelque chose qui n'a d'équivalent dans aucune autre religion et encore moins dans une quelconque philosophie.

Le Christ est absolument unique ! Il ne se contente pas de parler, comme Mahomet, promulguant des principes de discipline religieuse qui doivent s'imposer à tous ceux qui adorent Dieu. Le Christ n'est pas non plus simplement un sage au sens où l'était Socrate, même si l'acceptation que ce dernier fit librement de la mort au nom de la vérité n'est pas sans quelque ressemblance avec le sacrifice de la Croix.

Il ressemble encore moins au Bouddha, car il ne nie pas toute valeur à tout ce qui est créé. Le Bouddha a raison lorsqu'il ne voit pas de possibilité de salut pour l'homme dans la création. Mais il a tort quand, pour ce motif, il dénie à toute la création une quelconque valeur pour l'homme. Le Christ ne le fait pas et ne le peut pas, car Il est l'éternel témoin du Père et de l'amour du Père pour sa créature dès le commencement. Le Créateur voit immédiatement tout ce qui est bien dans la création, et spécialement dans l'homme, façonné à son image et à sa ressemblance. Et dans sa perspective, Il voit ce bien à travers le Fils incarné. Il le voit comme une vocation pour son Fils et pour toutes les créatures raisonnables. Si nous nous efforçons d'aller aussi loin que possible dans la vision divine, nous pouvons dire que Dieu voit ce bien de façon particulière à travers la Passion et la mort du Fils.

Ce bien sera confirmé par la Résurrection qui est, en effet, le commencement d'une nouvelle création,

le début des retrouvailles en Dieu de toute la création, l'amorce du destin définitif de toutes les créatures. Ce destin s'exprime dans le fait que Dieu sera
« *tout en tous*[1] ».

Dès le commencement, le Christ se trouve donc au
centre de la foi et de la vie de l'Église. Il est aussi au
centre du magistère et de la théologie. Pour ce qui
est précisément du magistère, il faut garder précieu-
sement l'œuvre de tout le premier millénaire, depuis
le premier Concile de Nicée[2] jusqu'au second[3], qui
fut le fruit des conciles précédents, et notamment
ceux d'Éphèse[4] et de Chalcédoine. Tous les conciles
du premier millénaire sont centrés sur le Mystère de
la Sainte-Trinité, y compris la procession du Saint-
Esprit, mais tous sont christologiques à la racine.
Depuis que Pierre a confessé : « *Tu es le Christ, le
Fils du Dieu vivant*[5] », le Christ se trouve au cœur de
la foi et de la vie des chrétiens, au centre de leur
témoignage, souvent donné au prix de leur sang.

Grâce à cette foi, l'Église a connu une expansion
croissante, malgré les persécutions. La foi a christia-
nisé progressivement le monde de l'Antiquité.
Malgré la menace de l'arianisme[6] qui se développe

---

1. 1 Co 15, 28.
2. Le Concile de Nicée (325) a défini le dogme de la divinité du Christ.
(N.D.E.).
3. Le second Concile de Nicée eut lieu en 787. (N.D.E.).
4. Le Concile d'Éphèse (431) et le Concile de Chalcédoine (451) ont défini
que le Christ, vrai Dieu et vrai homme, est une seule personne en deux
natures. (N.D.E.).
5. Mt 16, 16.
6. Hérésie propagée par Arius, prêtre d'Alexandrie (280-336), qui rencon-
tra un large succès malgré la condamnation portée par les conciles. Pour

alors, la vraie foi dans le Christ, Dieu-Homme, comme l'avait confessé Pierre devant Césarée de Philippe, ne cesse d'être le centre de la vie, du témoignage, du culte et de la liturgie de l'Église. On pourrait ainsi dire que se produit, dès le début, une concentration christologique du christianisme.

Ceci concerne en tout premier lieu la foi, mais également la Tradition vivante de l'Église. Nous en trouvons une manifestation particulièrement nette dans le développement du culte rendu à Marie et de la mariologie : « *Il a été conçu du Saint-Esprit, est né de la Vierge Marie*[1] ». Le sens marial et la théologie mariale dans l'Église sont simplement un des aspects de la concentration christologique que j'évoquais.

Oui, il faut le répéter sans jamais se lasser. Malgré certaines convergences, le Christ ne ressemble ni à Mahomet, ni à Socrate, ni au Bouddha. Il est rigoureusement unique et inimitable. L'originalité du Christ, proclamée par Pierre près de Césarée de Philippe, est le centre de la foi de l'Église, telle qu'elle se trouve condensée dans le Symbole des Apôtres : « *Je crois en Dieu, le Père tout-puisssant, Créateur du ciel et de la terre ; et en Jésus-Christ, son Fils unique, notre Seigneur, qui a été conçu du Saint-Esprit, est né de la Vierge Marie, a souffert sous Ponce Pilate, a été crucifié, est mort et a été enseveli ; est descendu aux enfers ; le troisième jour est*

Arius, Jésus n'est qu'une créature ayant reçu le privilège d'être adoptée comme fils par Dieu : il n'est pas Dieu. (N.D.E.).
1. *Credo.*

*ressuscité des morts, est monté aux cieux, est assis à
la droite de Dieu le Père tout-puissant* ».

Ce *Credo*, que nous appelons le Symbole des
Apôtres, est l'expression de la foi de Pierre et de
toute l'Église. À partir du IVᵉ siècle entre en usage,
dans la catéchèse et la liturgie, le *Credo* dit de
Nicée-Constantinople, qui en développe l'enseignement. L'Église, en effet, pénètre peu à peu la culture
hellénique et prend conscience de la nécessité d'établir sa doctrine de façon compréhensible et convain-
cante pour le monde entier.

Ainsi, à Nicée et à Constantinople, il a été proclamé que Jésus-Christ est « *le Fils unique de Dieu,
engendré non pas créé, de même nature que le Père,
et par Lui tout a été fait* ».

Ces formulations ne sont pas seulement une
conséquence de l'hellénisme, car elles proviennent
directement du patrimoine apostolique. Si nous vou-
lons remonter aux sources, c'est avant tout chez
saint Paul et saint Jean que nous les trouvons.

La christologie de Paul est extrêmement riche.
Son point de départ est l'événement qui eut lieu aux
portes de Damas : le jeune pharisien qu'il était
devint alors aveugle, mais en même temps les yeux
de son âme s'ouvrirent à la vérité sur le Christ ressuscité. Et c'est cette vérité qu'il s'attacha ensuite à
exprimer dans ses épîtres.

Les termes de la profession de foi de Nicée reflètent la doctrine de Paul. Mais ils contiennent aussi
l'héritage de Jean, et notamment celui du Prologue

de son Évangile[1]. Celui-ci, tout comme les épîtres johanniques, est un témoignage rendu aux Paroles de la Vie, à « *ce que nous avons entendu, ce que nous avons vu de nos yeux, (...) ce que nos mains ont touché*[2] ».

En un sens, Jean semble mieux qualifié que Paul pour témoigner. Cependant, le témoignage de Paul demeure particulièrement impressionnant. Le rapprochement entre Paul et Jean est important, car Jean a écrit après Paul. Par conséquent, c'est chez Paul qu'il faut chercher les toutes premières expressions de la foi.

Et non seulement chez Paul, mais aussi chez Luc, qui fut un compagnon de Paul. Chez Luc, en effet, nous trouvons la phrase qui pourrait servir de pont entre Paul et Jean : ce sont les paroles que le Christ a prononcées — l'évangéliste le rapporte — en « *tressaillant de joie sous l'action de l'Esprit Saint*[3] » : « *Père, Seigneur du ciel et de la terre, je proclame ta louange : ce que tu as caché aux sages et aux intelligents, tu l'as révélé aux tout-petits. (...) Personne ne connaît le Fils sinon le Père, et personne ne connaît le Père sinon le Fils et celui à qui le Fils veut le révéler.*[4] » Luc reprend ici ce que Matthieu fait dire à Jésus lorsqu'Il répond à la "confession" de Pierre : « *Cette révélation t'est venue non de la chair et du sang, mais de mon Père qui est dans les*

---

1. Cf. : Jn 1, 1-18.
2. 1 Jn 1, 1.
3. Lc 10, 21.
4. Lc 10, 21-22.

cieux[1] ». Mais la phrase de Luc trouve une correspondance exacte dans le Prologue de Jean : « *Dieu, personne ne l'a jamais vu ; le Fils unique, qui est dans le sein du Père, c'est lui qui a conduit à le connaître.*[2] »

Cette vérité évangélique revient cependant si fréquemment chez Jean qu'il serait difficile de citer ici tous les extraits. La christologie du Nouveau Testament est d'une netteté éclatante. Les Pères, la grande scolastique et la théologie des siècles suivants n'ont fait que puiser, avec un étonnement toujours renouvelé, dans ce patrimoine pour le développer et l'approfondir progressivement.

Vous vous souvenez peut-être que ma première encyclique sur le Rédempteur de l'homme (*Redemptor hominis*) est parue quelques mois seulement après mon élection, le 16 octobre 1978. En réalité, je portais son contenu en moi en arrivant sur la chaire de Pierre. Il m'a suffi d'"activer", pour ainsi dire, la mémoire et l'expérience de ce que je vivais déjà au seuil de mon pontificat.

Je me permets de le souligner parce que cette encyclique s'efforce d'exprimer, d'une part la tradition de l'enseignement que j'ai reçu et d'autre part le style pastoral qui en découle. Le Mystère de la Rédemption y est présenté à travers la grande et nouvelle vision de l'homme et de tout ce qui est humain qu'a proposée le Concile, en particulier avec *Gaudium et spes*. Cette encyclique veut être une grande

---

1. Mt 16, 17.
2. Jn 1, 18.

hymne d'exultation, devant la rédemption de
l'homme — de son âme et de son corps — par le
Christ. Le thème de la rédemption du corps a ensuite
été plus directement traité dans le cycle des caté-
chèses du mercredi : « *Homme et femme, Il les
créa* ». Mais peut-être serait-il plus exact de dire :
« *Homme et femme, Il les sauva* ».

LE SACRIFICE DU CHRIST
POUR SAUVER LES HOMMES
ÉTAIT-IL NÉCESSAIRE ?

Puisque vous m'avez cordialement et paternellement accordé une très grande liberté, je souhaiterais maintenant continuer, si vous le voulez bien, en soulevant des questions qui pourront vous sembler bizarres. Mais, comme vous l'avez déjà relevé, ce sont les questions que se posent nos contemporains. Quand l'Église leur annonce l'Évangile, on a l'impression qu'ils se demandent pourquoi cette "histoire du salut", comme l'appellent les chrétiens, est si compliquée. Pour nous pardonner, pour nous sauver, un Dieu-Père avait-Il vraiment besoin de sacrifier aussi cruellement son propre Fils ?

VOTRE QUESTION touche de façon globale l'histoire du salut, et donc le sens le plus profond de la Rédemption. Commençons donc par jeter un coup d'œil sur l'histoire de la pensée européenne après Descartes. Pourquoi à nouveau Descartes au premier plan ? Non seulement parce que son œuvre marque le début d'une ère nouvelle dans l'histoire de la pensée européenne, mais aussi parce que ce philosophe, certainement parmi les plus grands que la France ait donnés au monde, est à l'origine d'un vaste courant anthropocentrique en philosophie. Son « *Je pense, donc je suis* », que je citais auparavant, pourrait servir de devise au rationalisme moderne.

Tout le rationalisme des derniers siècles, dans son expression anglo-saxonne comme dans son expression continentale, avec le kantisme, l'hégélianisme et la philosophie allemande des XIXe et XXe siècles, jusqu'à Husserl et Heidegger, peut être considéré comme un prolongement et un développement des positions cartésiennes. L'auteur des *Méditations métaphysiques*, avec sa "preuve ontologique", nous a éloignés de la philosophie de l'existence ainsi que des "voies" traditionnelles de saint Thomas. Ces "voies" conduisent à Dieu — "existence autonome", *ipsum Esse subsistens* (l'Être subsistant même). En absolutisant la conscience subjective, Descartes nous conduit plutôt vers la conscience pure de l'Absolu — la pensée pure. Un tel Absolu n'est point l'existence autonome ; c'est plutôt, en quelque sorte, la pensée autonome. N'a plus alors de sens que ce qui correspond à la pensée humaine. Ce n'est plus la véracité objective de cette pensée qui compte, mais plutôt le fait que quelque chose devienne présent dans la conscience humaine.

Nous nous trouvons là au seuil de l'immanentisme et du subjectivisme modernes. Descartes marque le début du développement aussi bien des sciences exactes et naturelles que des sciences humaines dans leur nouvelle dimension. À sa suite, on tourne le dos à la métaphysique pour se concentrer sur la philosophie de la connaissance. Kant est le plus illustre représentant de ce courant.

Il est certes impossible d'attribuer directement au père du rationalisme moderne le fait que l'on se soit tant éloigné du christianisme. Il est néanmoins difficile de ne pas reconnaître que c'est lui qui a créé le climat dans lequel cet éloignement a pu se produire à l'époque contemporaine. Il n'y a pas eu de tournant brutal, mais plutôt un processus continu. Cent ou cent cinquante ans après Descartes, nous constatons que tout ce qui, dans la tradition de la pensée européenne, était essentiellement chrétien est déjà mis entre parenthèses. En France à cette époque les

"Lumières" jouent le premier rôle : cette doctrine établit sans retour un rationalisme intransigeant. La Révolution française a abattu les autels consacrés au Christ ; elle a jeté les crucifix dans les rues et elle a introduit à leur place le culte de la déesse Raison. Et c'est sur la base de ce culte qu'ont été reformulés les idéaux de la liberté, de l'égalité et de la fraternité. Du coup, le patrimoine spirituel, et en particulier moral, constitué par le christianisme a été arraché à son fondement évangélique. C'est à ce fondement qu'il faut le ramener aujourd'hui afin qu'il retrouve toute sa vitalité.

Cependant, le processus d'éloignement du Dieu des Pères, du Dieu de Jésus-Christ, de l'Évangile et de l'Eucharistie n'impliquait pas la rupture avec un Dieu existant au-dessus du monde. En fait, le Dieu des déistes a toujours été présent. On peut sans doute le repérer chez les encyclopédistes français, dans les écrits de Voltaire et de Jean-Jacques Rousseau, et encore plus nettement chez Isaac Newton, dont les *Philosophiae naturalis principia mathematica* marquent le début de la physique moderne.

Mais ce Dieu est irréversiblement situé en dehors du monde. Un Dieu présent dans le monde paraissait inutile à des esprits qui privilégiaient la connaissance naturaliste de l'univers ; de même, un Dieu qui agit dans l'homme paraissait inutile à la conscience moderne et aux sciences de l'homme qui étudient les mécanismes conscients et inconscients de sa vie. Le rationalisme des "Lumières" a ainsi mis entre parenthèses le vrai Dieu et en particulier le Dieu rédempteur.

Quelles en ont été les conséquences ? Essentiellement, que l'homme devait vivre en se laissant guider exclusivement par sa raison, comme si Dieu n'existait pas. Il ne fallait pas seulement chasser Dieu du champ de la connaissance objective du monde, puisque le principe de l'existence du Créateur ou de la Providence était étranger à la science. Mais il fallait encore agir comme si Dieu n'existait pas, c'est-à-dire comme s'Il ne s'intéressait pas au monde. Le rationalisme a situé Dieu en dehors du monde, sous le prétexte que c'était une hypothèse invérifiable ; ce qui paraissait en revanche indispensable, c'était que ce Dieu fût éliminé du monde.

POURQUOI L'HUMANITÉ
A-T-ELLE BESOIN D'ÊTRE SAUVÉE ?

J'ai suivi avec intérêt votre analyse philosophique. Mais quel rapport cela a-t-il avec la question que je vous posais sur l'"histoire du salut" ?

C'EST précisément le point que j'allais aborder. En effet, ce mode de penser et d'agir du rationalisme de ce qu'il est convenu d'appeler les "Lumières" s'attaque au cœur même de toute la sotériologie chrétienne — j'entends par là la réflexion théologique sur le salut (*soteria*, en grec), la Rédemption. « *Car Dieu a tant aimé le monde qu'il a donné son Fils unique : ainsi tout homme qui croit en lui ne périra pas, mais il obtiendra la vie éternelle.*[1] » Chaque mot de cette réponse du Christ à Nicodème constitue une pierre d'achoppement pour la *forma mentis*, la tournure d'esprit inspirée des "Lumières" — françaises mais aussi anglaises et allemandes.

Venons-en maintenant plus immédiatement à l'objet de votre question et analysons ces paroles du Christ dans l'Évangile selon saint Jean, pour discerner les points sur lesquels elles sont en opposition avec la *forma mentis* que j'ai tenté de décrire. Manifestement, vous vous faites le porte-parole des hommes d'aujourd'hui. C'est pourquoi vous

---

1. Jn 3, 16.

demandez : "Pourquoi l'histoire du salut est-elle aussi compliquée ?"

En réalité, nous devons affirmer qu'elle est très simple ! Nous pouvons en montrer de manière très directe la simplicité profonde et l'admirable logique intérieure, en partant justement de ce que Jésus dit à Nicodème.

Voici la première affirmation : « *Dieu a aimé le monde* ». Pour la philosophie des "Lumières", le monde n'a pas besoin de l'amour de Dieu ; le monde est autosuffisant ; et Dieu n'est pas en premier lieu Amour. Dans cette perspective, Il est plutôt une intelligence qui connaît de toute éternité. Personne n'a besoin de son intervention dans le monde existant, qui est autosuffisant, transparent à la conscience moderne, toujours plus affranchi des mystères grâce à la recherche scientifique, toujours plus étroitement soumis à l'homme comme une inépuisable mine de matière première, à l'homme démiurge de la technique moderne. Et c'est précisément ce monde-là qui doit rendre l'homme heureux...

Au contraire, le Christ affirme à Nicodème que « *Dieu a tant aimé le monde qu'Il a donné son Fils unique : ainsi tout homme qui croit en Lui ne périra pas, mais obtiendra la vie éternelle.*[1] » Jésus fait ainsi comprendre que le monde n'a pas la faculté de donner à l'homme un bonheur absolu. Il peut même devenir source de malheur. Ce monde qui se présente comme un grand chantier, ce monde où se mettent en application les découvertes des sciences et des tech-

---

1. Jn 3, 16.

niques, les progrès de la civilisation, le système moderne des moyens de communication, l'ordre fondé sur les libertés démocratiques, etc. — eh bien, ce monde est incapable de rendre l'homme heureux.

Lorsque le Christ parle de l'amour que le Père a pour le monde, Il ne fait que reprendre le commentaire initial de la Genèse au récit de la création : « *Dieu vit que cela était bon, (...) cela était très bon.*[1] » Cependant, cela ne signifie pas qu'il soit donné au monde le pouvoir absolu de sauver l'homme ; non, le monde n'est pas en état de rendre l'homme heureux. Il n'est pas en état de faire échapper l'homme au mal dans toutes ses formes et ses espèces : maladies, épidémies, cataclysmes, catastrophes, etc. Le monde lui-même, avec toutes ses richesses et toutes ses lacunes, a besoin d'être sauvé ; il a besoin de la Rédemption.

Le monde ne peut pas délivrer l'homme de la souffrance et encore moins de la mort. Le monde tout entier est périssable, comme le souligne saint Paul dans l'Épître aux Romains : il est soumis à la corruption et au pouvoir de la mort. L'homme aussi, dans sa dimension charnelle. L'immortalité n'est pas de ce monde ! L'homme ne peut la recevoir que de Dieu. Voilà pourquoi le Christ parle de l'amour de Dieu, qui se manifeste dans la venue du Fils unique, afin que l'homme « *ne périsse pas, mais obtienne la vie éternelle*[2] ». La vie éternelle ne peut être donnée à l'homme que par Dieu ; elle ne peut

---

1. Gn 1, 12.31.
2. Jn 3, 16.

être qu'un don de Dieu. Elle ne peut pas être donnée à l'homme par le monde créé. La création, et l'homme avec elle, a été « *livrée au pouvoir du néant*[1] ».

Le Fils de l'homme n'est pas venu dans le monde « *pour juger le monde, mais pour que, par Lui, le monde soit sauvé* »[2]. Le monde que le Fils de Dieu a trouvé quand Il s'est fait homme méritait la condamnation, à cause du péché qui avait dominé l'histoire à partir de la chute des premiers êtres humains. Mais ceci est un autre point que la pensée issue des "Lumières" rejette absolument. Elle n'accepte pas la réalité du péché, et en particulier le péché originel.

Quand j'ai choisi comme thème de mes homélies, lors de ma dernière visite en Pologne, le Décalogue et le commandement de l'amour, tous les Polonais influencés par la "philosophie des Lumières" s'en sont déclarés offusqués. Quand le Pape tente de convaincre le monde de la réalité du péché humain, il devient *persona non grata*. Les tenants de cette mentalité sont heurtés précisément par ce que dit saint Jean en citant les paroles du Christ Lui-même. Le Christ, en effet, a annoncé la venue du Saint-Esprit qui « *confondra le monde en matière de péché*[3] ». L'Église peut-elle dire autre chose ? Cependant, montrer la réalité du péché n'équivaut pas à condamner. « *Le Fils de l'homme n'est pas venu dans le monde pour juger le monde, mais pour*

1. Rm 8, 20.
2. Jn 3, 17.
3. Jn 16, 8.

que le monde soit sauvé par Lui. » Montrer la réalité du péché revient au contraire à créer les conditions du salut. La condition première du salut est pour l'homme de prendre conscience de son péché, y compris son péché "héréditaire", et ensuite de le reconnaître devant Dieu qui n'attend que cette confession pour sauver l'homme. Sauver veut dire prendre dans ses bras et soulever dans l'élan de l'amour sauveur, toujours plus fort que n'importe quel péché. La parabole de l'enfant prodigue demeure de ce point de vue un modèle incomparable.

Comme vous le voyez, l'histoire du salut se révèle on ne peut plus simple. Elle coïncide avec le développement de l'histoire entière de l'humanité sur la terre : elle commence avec le premier Adam ; l'axe en est la révélation du second Adam, Jésus-Christ[1] ; et le terme en est l'accomplissement définitif de l'histoire du monde en Dieu, lorsqu'Il sera « *tout en tous*[2] ».

C'est la même histoire qui s'accomplit également dans le cadre de chaque existence humaine. On pourrait dire qu'on en trouve comme le résumé dans la parabole de l'enfant prodigue, ou dans ce que le Christ dit à la femme adultère : « *Moi non plus, je ne te condamne pas. Va, et désormais ne pèche plus.*[3] » L'histoire du salut repose sur le fait décisif de l'intervention de Dieu dans l'histoire humaine. Cette intervention atteint son apogée dans le Mystère

---

1. Cf. : 1 Co 15, 45.
2. 1 Co 15, 28.
3. Jn 8, 11.

pascal — la Passion, la Mort, la Résurrection et l'Ascension au ciel de Jésus — pour se conclure à la Pentecôte. Cette histoire découvre la volonté rédemptrice de Dieu, mais elle montre aussi quelle est la mission de l'Église. C'est l'histoire de chaque homme et en même temps de la famille humaine tout entière, avec au commencement la création, puis la re-création salvatrice dans le Christ et dans l'Église. Saint Augustin a bien saisi le mouvement de cette histoire quand il a écrit *La Cité de Dieu*. Mais il est loin d'avoir été le seul.

L'histoire du salut permet de renouveler sans cesse l'interprétation toujours à reprendre de l'histoire de l'humanité. De fait, de nombreux penseurs et historiens contemporains s'intéressent à elle. Car c'est elle qui stimule le plus la réflexion. Toutes les questions traitées par le Concile Vatican II sont finalement centrées sur ce thème.

Au bout du compte, l'histoire du salut ne soulève pas tant le problème de l'histoire de l'homme que celui du sens de son existence. Par conséquent, elle est tout à la fois histoire et métaphysique. On pourrait même dire qu'elle constitue la forme la plus achevée de la théologie, si l'on considère celle-ci comme la science de toutes les "rencontres" entre Dieu et le monde. La Constitution finale du Concile Vatican II, *Gaudium et spes*, sur l'Église dans le monde contemporain, n'est qu'une actualisation de cette vision fondamentale.

SI DIEU EST AMOUR, ALORS POURQUOI TANT DE MAL DANS LE MONDE ?

Ce sont là de vastes et fascinantes perspectives, qui ne peuvent que nourrir l'Espérance des croyants.

Pourtant, nous ne pouvons ignorer que les chrétiens, eux aussi, se posent à l'heure de l'épreuve une question déchirante : comment continuer à faire confiance à un Dieu qui serait Père miséricordieux, qui, selon la révélation du Nouveau Testament et selon ce que vous répétez avec passion, serait l'Amour même — comment continuer à croire en ce Dieu quand on est confronté aux souffrances, aux injustices, aux maladies, à la mort qui paraissent dominer la grande histoire du monde et la petite histoire quotidienne de chacun de nous ?

*S*TAT *CRUX dum volvitur orbis* : la Croix demeure fixe tandis que le monde tourne. Je l'ai déjà dit : nous sommes au centre même de l'histoire du salut. Certes, nul ne peut éviter les questions qui sont à la source de bien des doutes non seulement sur la bonté de Dieu, mais sur son existence même : comment Dieu a-t-Il pu permettre tant de guerres, les camps de concentration, la *Shoah* ? Si Dieu permet tout cela, est-Il encore vraiment Amour, comme saint Jean le proclame dans sa première Épître ? Et même, est-Il juste à l'égard de sa création ? Ne met-Il pas un poids trop lourd sur les épaules de chaque homme ? N'abandonne-t-Il pas l'homme dans une solitude tragique, écrasé par le fardeau de la vie, condamné à une existence sans espoir ? Tous ces malades incurables dans les hôpitaux, tous ces enfants handicapés, toutes ces existences humaines qui ne reçoivent jamais la moindre part de bonheur terrestre, ce bonheur tout simple que donnent l'amour, le mariage, la famille... Le tableau de la vie humaine peut paraître bien sombre ! On en trouve quantité d'exemples dans la littérature classique et

contemporaine. Il suffit de nommer Fiodor Dostoïevski, Franz Kafka ou Albert Camus.

Dieu a créé l'homme intelligent et libre ; ce faisant, Il a accepté de s'assujettir Lui-même au jugement de sa créature. L'histoire du salut est aussi
l'histoire du jugement sans cesse prononcé par
l'homme sur Dieu. Car il ne s'agit pas de simples
questions ou de doutes, mais bien d'un véritable
jugement. Une partie du livre de Job, dans l'Ancien
Testament, contient l'archétype d'un tel jugement.
S'y mêlent des interventions du Malin, toujours
prompt à juger avec une perspicacité inouïe non seulement l'homme, mais encore l'action de Dieu dans
l'histoire de l'homme. De cela aussi, nous trouvons
une illustration saisissante dans le livre de Job.

Scandalum Crucis, le scandale de la Croix. Dans
l'une de vos précédentes questions, vous avez fort
bien formulé le problème : pour le salut de l'homme,
était-il nécessaire que Dieu livre son Fils au sacrifice
de la Croix ?

À cette étape de notre réflexion nous sommes seulement capables de nous demander s'il pouvait en
être autrement... Dieu pouvait-il se justifier, si l'on
peut dire, de l'histoire de l'homme, avec sa charge
de souffrance, autrement qu'en mettant au centre de
cette histoire justement la Croix du Christ ? Évidemment, on pourrait répondre que Dieu n'a pas à se
justifier devant l'homme. Il Lui suffit d'être tout-
puissant. Dans cette perspective tout ce qu'Il fait et
permet doit être accepté. C'est la position de Job
dans la Bible. Mais le Tout-Puissant est aussi

Sagesse et, répétons-le encore, Amour. C'est pourquoi Il tient en quelque sorte à se justifier par rapport
à l'histoire de l'homme. Il n'est pas un Absolu situé
au-delà du monde, indifférent à la souffrance
humaine. Il est l'Emmanuel, *« Dieu-avec-nous »*,
Dieu qui partage le sort de l'homme et communie à
son destin. Ceci fait apparaître combien est insuffi-
sante, et même fausse, l'image de Dieu façonnée par
la philosophie des "Lumières" et reçue sans esprit
critique. Par rapport à l'Évangile, ce fut assurément
une régression : tout le contraire d'un progrès dans
la connaissance de Dieu et du monde, et bien plutôt
un pas en arrière dans la capacité à les comprendre.

Non, décidément non ! Dieu n'est pas un personnage absent du monde, satisfait d'être Lui-même
Sagesse et Toute-Puissance. Sa Sagesse et sa Toute-
Puissance sont librement mises au service de la création. Si la souffrance est présente dans l'histoire
humaine, sa Toute-Puissance ne pouvait se manifester que par la toute-puissance de son humiliation sur
la Croix. Le scandale de la Croix est la clef du mystère de la souffrance dont le défi est inséparable de
l'histoire de l'homme.

Même ceux qui aujourd'hui critiquent le christianisme en conviennent : ils reconnaissent, eux aussi,
que le Christ crucifié est une preuve de la solidarité
de Dieu avec l'homme qui souffre. Dieu se met du
côté de l'homme. Et Il le fait radicalement : « *Il s'est
abaissé lui-même en devenant obéissant jusqu'à
mourir, et à mourir sur une croix.*[1] » Cela comprend

---

1. Ph 2, 7-8.

tout : toute souffrance, qu'elle soit individuelle ou collective, les souffrances causées par les forces aveugles de la nature et celles qui sont délibérément provoquées par l'homme : les guerres, les goulags et les génocides. Je pense ici à l'holocauste des Juifs, mais aussi, par exemple, à l'holocauste des esclaves noirs d'Afrique...

POURQUOI DIEU NE PEUT-T-IL PAS ÉLIMINER LE MAL ET LA SOUFFRANCE ?

Cependant, on connaît bien l'objection de certains : avec de telles explications, on ne fait que déplacer la question sur la souffrance et le mal, sans l'affronter réellement. En effet, la foi affirme que Dieu est Tout-Puissant. Alors pourquoi n'a-t-Il pas éliminé la souffrance du monde qu'Il a créé et pourquoi s'obstine-t-Il à ne pas l'éliminer ? Ne peut-on pas alors parler d'une espèce d'"impuissance divine", comme le font d'ailleurs déjà des penseurs sincèrement religieux ?

Oui, on peut dire que Dieu est "impuissant" face à la liberté humaine. On peut dire que Dieu paie en quelque sorte tout ce qu'Il donne à l'être qu'Il a créé « *à son image et à sa ressemblance*[1] ». Il ne revient pas sur ce qu'Il a donné là. C'est pour cette raison qu'Il se laisse juger par l'homme, devant un tribunal sans légitimité qui Le provoque par ses questions : « *Alors, tu es roi ?*[2] » Autrement dit, "Tu prétends donc que tout ce qui se passe dans le monde, dans l'histoire d'Israël, dans l'histoire de toutes les nations, dépend de toi ?"

Nous connaissons la réponse du Christ lorsque Pilate, son juge, l'interroge ainsi : « *Je suis né, je suis venu dans le monde pour ceci : rendre témoignage à la vérité.*[3] » Mais alors : « *Qu'est-ce que la vérité ?*[4] » La procédure judiciaire s'arrête là. C'est le dramatique procès où, devant le tribunal de son histoire, l'homme accuse Dieu. Et le verdict n'est

---

1. Gn 1, 26.
2. Jn 18, 37.
3. Jn 18, 37.
4. Jn 18, 38.

pas rendu dans le respect de la vérité. Pilate dit d'abord : « *Moi, je ne trouve en lui aucun motif de condamnation.*[1] » Et l'instant d'après, il ordonne : « *Prenez-le, vous, et crucifiez-le.*[2] » De cette manière, il se lave les mains, il élude la question qu'il a lui-même posée et il se défausse de toute la responsabilité sur la foule en furie.

Ainsi, la condamnation de Dieu par l'homme n'est pas fondée sur la vérité, mais sur un abus de pouvoir et un lâche complot. Cette condamnation ne découvre-t-elle pas la vérité de l'histoire de l'homme, la vérité sur notre siècle ? De nos jours, semblable condamnation n'a-t-elle pas été répétée par les innombrables tribunaux des régimes d'oppression totalitaire ? Et nous, n'avons-nous pas rendu des verdicts analogues au sein de nos parlements démocratiques, par exemple en condamnant l'être humain avant sa naissance, en vertu de lois régulièrement promulguées ?

Dieu est toujours dans le camp de ceux qui souffrent. Sa Toute-Puissance se manifeste justement dans sa libre acceptation de la souffrance. Il aurait pu ne pas le faire. Il aurait pu faire éclater sa Toute-Puissance au moment même du crucifiement. On le Lui proposait : « *Que le Messie, le roi d'Israël, descende maintenant de la croix ; alors nous verrons et nous croirons.*[3] » Mais Il n'a pas relevé le défi. Le fait qu'Il soit resté sur la Croix jusqu'à la fin,

---

1. Jn 18, 38 ; 19, 6.
2. Jn 19, 6.
3. Mc 15, 32.

le fait qu'Il ait pu dire sur la Croix, comme tous ceux qui souffrent : « *Mon Dieu, mon Dieu, pourquoi m'as-tu abandonné ?*[1] », ce fait demeure donc comme l'événement le plus décisif dans l'histoire de l'homme. Si l'agonie de Dieu sur la Croix n'avait pas eu lieu, la vérité que Dieu est Amour serait restée suspendue dans le vide.

Oui, Dieu est Amour et c'est bien pour cela qu'Il a envoyé son propre Fils, pour révéler en Lui jusqu'où va l'Amour. Le Christ est Celui qui « *aima jusqu'au bout*[2] ». "Jusqu'au bout" veut dire jusqu'au dernier souffle. "Jusqu'au bout" veut dire prenant sur Lui absolument toutes les conséquences du péché de l'homme. Comme l'avait prophétisé Isaïe : « *Ce sont nos souffrances qu'il portait (...). Tous, comme des moutons, nous étions errants, chacun suivant son propre chemin ; et le Seigneur a fait retomber sur lui nos fautes à tous.*[3] »

L'"Homme de douleur" est la révélation de cet Amour qui « *supporte tout*[4] », de cet Amour qui est « *le plus grand*[5] ». Il est la révélation du Dieu qui non seulement est Amour, mais « *répand l'amour dans nos cœurs par l'Esprit Saint*[6] ». Enfin, avec le Crucifié, l'homme qui participe à la Rédemption l'emporte en nous-mêmes sur l'homme qui prétend

---

1. Mc 15, 34.
2. Jn 13, 1.
3. Is 53, 4.10.
4. 1 Co 13, 7.
5. 1 Co 13, 13.
6. Rm 5, 5.

condamner la Sagesse divine à l'œuvre dans sa propre vie et dans l'histoire de l'humanité.

Ainsi, chacun de nous se trouve au centre même de l'histoire du salut. Le jugement sur Dieu devient un jugement sur l'homme. La dimension divine et la dimension humaine de cet événement se rencontrent, se croisent et s'unissent. Comment ne pas en être saisi ! Du mont des Béatitudes, le chemin de la Bonne Nouvelle conduit à celui du Golgotha[1]. Il passe par le Thabor, la montagne de la Transfiguration. Le scandale du Golgotha constitue un défi si énorme que Dieu Lui-même a voulu prévenir les apôtres de ce qui allait se passer du Vendredi Saint au Dimanche de Pâques.

Le message définitif du Vendredi Saint est le suivant : homme, toi qui juges Dieu, toi qui Le sommes de se justifier devant ton tribunal, regarde-toi : ne serais-tu pas responsable de la mort de ce Condamné ? Quand tu juges Dieu, n'est-ce pas en réalité toi-même que tu juges ? Réfléchis bien : ce verdict et son dénouement — la croix suivie de la Résurrection — ne demeurent-ils pas désormais la seule voie qui puisse te mener au salut ?

Quand l'ange Gabriel annonce à la Vierge de Nazareth la naissance du Fils en révélant que « *Son Règne n'aura pas de fin*[2] », il est certes difficile de prévoir que ces paroles annoncent de tels événements ; que le Règne de Dieu dans le monde s'éta-

---

1. Jésus a été mis en croix sur le Golgotha, une petite butte située hors de l'enceinte de Jérusalem. (N.D.E.).
2. Lc 1, 33.

blira à un tel prix ; qu'à partir de ce moment, l'histoire du salut de l'humanité tout entière devra suivre le chemin de la Croix.

À partir de ce moment seulement ? Ou bien à partir du commencement même ? Ce qui est arrivé sur le Golgotha est un fait historique. Mais il n'est pas limité dans l'espace et le temps. Il remonte dans le passé jusqu'à l'origine du monde et il ouvre l'avenir jusqu'à la fin de l'Histoire. Il récapitule toute l'humanité de tous les lieux et de toutes les époques. Le Christ est ce que l'humanité attend et en même temps Il en est l'achèvement. « *Et son Nom, donné aux hommes, est le seul qui puisse nous sauver.*[1] »

Le christianisme est une religion du salut, c'est-à-dire sotériologique, si nous utilisons le langage de la théologie. La sotériologie chrétienne est contenue dans le Mystère pascal. Pour espérer être sauvé en Dieu, l'homme doit s'arrêter au pied de la Croix du Christ. Ensuite, le dimanche qui suit le Samedi Saint, il doit se trouver devant le tombeau vide et entendre ce qui a été dit aux femmes de Jérusalem : « *Il n'est pas ici, car il est ressuscité.*[2] » De la Croix à la Résurrection se fait jour la certitude que Dieu sauve l'homme, qu'Il le sauve par le Christ, par sa Croix et sa Résurrection.

---

1. Cf. : Ac 4, 12.
2. Mt 28, 6.

TOUT LE MONDE SERA-T-IL SAUVÉ ?

Saint-Père, vous n'ignorez pas que nous autres, "gens ordinaires", risquons de ne plus comprendre, dans la culture d'aujourd'hui, la véritable signification de ce qui fonde toute la perspective chrétienne de l'existence.

Je vous demande donc : pour la foi, concrètement, "sauver", cela veut dire quoi ? Qu'est-ce que ce "salut" qui est, comme vous le répétez, le cœur du christianisme ?

Sᴀᴜᴠᴇʀ veut dire délivrer du mal. Il ne s'agit pas seulement des maux de nature sociale, comme l'injustice, la contrainte, l'exploitation ; ni seulement des maladies, des catastrophes, des cataclysmes naturels, de tout ce qui dans l'histoire de l'humanité est considéré comme un malheur.

Sauver veut dire délivrer du mal radical et irréversible. Même la mort n'est plus un mal irrémédiable, puisqu'elle est suivie par la Résurrection. La Résurrection est l'œuvre du Christ. Par Lui et en Lui, la mort cesse d'être un mal sans recours : elle est vaincue par la puissance de la vie !

Le monde ne détient pas de puissance semblable. Le monde peut perfectionner ses techniques thérapeutiques en différents domaines, mais il demeure finalement impuissant à délivrer l'homme de la mort. Pour cette raison, le monde ne peut en aucune façon être conçu ou présenté comme la source du salut pour l'homme. Seul Dieu sauve. Il sauve toute l'humanité dans le Christ. Le nom même de Jésus, Jeshua (« *Dieu qui sauve* »), proclame notre salut. Plusieurs israélites l'avaient déjà porté, mais on peut dire que ce nom attendait le Fils d'Israël, qui devait confirmer sa vérité : « *Ne suis-je pas Yahvé ? Il n'y a pas d'autre Dieu que moi. Un Dieu juste et sauveur, il n'y en a pas en dehors de moi.*[1] »

Sauver veut dire délivrer du mal absolu. Le mal n'est pas simplement le déclin progressif de l'homme au fur et à mesure que le temps s'écoule et avec l'écroulement final dans l'abîme de la mort. Car le mal plus radical encore, c'est le rejet de l'homme par Dieu, c'est-à-dire la damnation éternelle, conséquence du rejet de Dieu par l'homme.

La damnation est l'envers du salut. Mais damnation et salut sont liés au fait que l'homme est appelé à la vie éternelle. L'une et l'autre présupposent l'immortalité de l'être humain. La mort temporelle ne peut pas faire que l'homme ne soit plus destiné à la vie éternelle.

Qu'est-ce que la vie éternelle ? C'est le bonheur qui provient de l'union avec Dieu. Le Christ affirme : « *La vie éternelle, c'est de te connaître, toi, le seul vrai Dieu, et de connaître celui que tu as envoyé, Jésus le Christ.*[2] » L'union avec Dieu se réalise dans la vision de l'Être divin « *face à face*[3] ». C'est ce que l'on appelle la vision "béatifique", car elle comporte l'aboutissement de la quête humaine de la vérité. Grâce à ses connaissances pré-scientifiques puis scientifiques, l'homme peut parvenir à des parcelles de vérité. Seule la vision de Dieu

---

1. Is 45, 21.
2. Jn 17, 3.
3. 1 Co 13, 12.

« *face à face* » lui permet de jouir de toute la plénitude de la Vérité. C'est de cette façon seulement que
peut être satisfait définitivement le désir de l'homme : contempler la Vérité.

Mais le salut va plus loin encore. En connaissant
Dieu « *face à face* », l'homme rencontre la plénitude
absolue du bien. L'intuition platonicienne de l'idée
du bien a trouvé dans le christianisme une confirmation définitive dans le domaine strictement philosophique. Il ne s'agit pas d'une union avec l'idée
du bien, mais de l'union avec le Bien Lui-même.
Dieu est ce Bien. Au jeune homme qui demande :
« *Que dois-je faire pour avoir en héritage la vie
éternelle ?* » le Christ répond : « *Pourquoi m'ap-
pelles-tu bon ? Personne n'est bon, sinon Dieu
seul.*[1] »

Puisqu'Il est plénitude du Bien, Dieu est plénitude
de vie. La vie est en Lui et vient de Lui. Cette vie n'a
pas de limites dans l'espace et le temps. La "vie éternelle" consiste à participer à la vie de Dieu Lui-
même, dans la communion du Père, du Fils et du
Saint-Esprit. Le dogme de la Très Sainte Trinité
traduit la vérité sur la vie intime de Dieu et invite à
la désirer. En Jésus-Christ, l'homme est appelé à une
telle communion et y est conduit.

La vie éternelle pour l'homme, c'est très exactement cela : la mort du Christ donne la Vie parce
qu'elle permet au croyant de participer à sa Résurrection. La Résurrection est la manifestation de la
Vie qui triomphe de la mort et en abolit les limites.

---

1. Mc 10, 17-18.

Avant sa mort et sa Résurrection le Christ a ressuscité Lazare, et l'échange qui a précédé avec la sœur
de son ami mérite d'être médité. Marthe dit
d'abord : « *Seigneur, si tu avais été là, mon frère ne
serait pas mort* ». Le Christ répond : « *Ton frère ressuscitera* ». À Marthe qui réplique : « *Je sais qu'il
ressuscitera au dernier jour* », Jésus dit : « *Je suis la
Résurrection et la Vie (...) Tout homme qui vit et qui
croit en moi ne mourra jamais.*[1] »

Ces paroles, prononcées peu avant le moment de
la résurrection de Lazare, expriment la vérité sur la
résurrection des corps opérée par le Christ. Sa
Résurrection à Lui, sa victoire sur la mort, entraîne
chaque être humain. Nous sommes tous appelés au
salut, c'est-à-dire à la participation à la Vie qui s'est
manifestée par la Résurrection du Christ.

Selon saint Matthieu, cette résurrection doit être
précédée par le jugement sur les œuvres de charité,
accomplies ou négligées[2]. À la suite de ce jugement,

---

1. Jn 11, 21.23-26.
2. Mt 25, 31-46. « *Quand le Fils de l'homme reviendra dans sa gloire, (...)
alors il siégera sur son trône de gloire. Toutes les nations seront rassem-
blées devant lui ; il séparera les hommes les uns des autres, comme le ber-
ger sépare les brebis et les chèvres. (...) Alors le Roi dira à ceux qui seront
à sa droite : "Venez les bénis de mon Père, recevez en héritage le Royaume
préparé pour vous depuis la création du monde. Car j'avais faim, et vous
m'avez donné à manger ; j'avais soif et vous m'avez donné à boire ; j'étais
étranger, et vous m'avez accueilli ; j'étais nu, et vous m'avez habillé ;
j'étais malade, et vous m'avez visité ; j'étais en prison, et vous êtes venus
jusqu'à moi !" Alors les justes répondront : "Seigneur, quand est-ce que
nous t'avons vu... ? (...) Quand sommes-nous venus jusqu'à toi ?" Et le Roi
leur répondra : "Amen, je vous le dis, chaque fois que vous l'avez fait à l'un
de ces petits qui sont mes frères, c'est à moi que vous l'avez fait".
Alors il dira à ceux qui sont à sa gauche : "Allez-vous-en loin de moi, mau-
dits, dans le feu éternel préparé pour le démon et ses anges. Car j'avais
faim et vous ne m'avez pas donné à manger ; (...) j'étais étranger et vous ne*

les justes sont appelés à la vie éternelle. Mais les réprouvés sont renvoyés à la damnation éternelle, la séparation définitive avec Dieu, la rupture de la communion avec le Père, le Fils et le Saint-Esprit. Ce n'est pas alors tant Dieu qui rejette l'homme, que l'homme qui rejette Dieu.

La possibilité de la damnation éternelle est affirmée dans l'Évangile sans qu'aucune ambiguïté soit permise. Mais dans quelle mesure cela s'accomplit-il réellement dans l'au-delà ? C'est finalement un grand mystère. Il n'autorise cependant pas à oublier que Dieu « *veut que tous les hommes soient sauvés et parviennent à la connaissance*[1] ».

Le bonheur dont nous sommes comblés par la connaissance de la Vérité, par la vision de Dieu face à face, la communion à sa Vie, ce bonheur répond si profondément à l'aspiration inscrite dans l'être même de l'homme que le sens du passage de la Première Épître à Timothée que je viens de citer ne peut laisser subsister aucun doute : Celui qui a créé l'homme en le dotant de cette propension fondamentale au bonheur ne peut pas agir différemment, Il ne peut pas ne pas « *vouloir que tous les hommes soient sauvés et parviennent à la connaissance de la vérité*[2] ».

---

m'avez pas accueilli ; (...) j'étais malade ou en prison et vous ne m'avez pas visité ; (...) Chaque fois que vous ne l'avez pas fait à l'un de ces petits, à moi non plus vous ne l'avez pas fait". Et ils s'en iront, ceux-ci au châtiment éternel, et les justes à la vie éternelle. » (C.D.E.).
1. 1 Tm 2, 4.
2. Cf. : Ez 18, 23.

Le christianisme est une religion sotériologique, une religion du salut. La sotériologie chrétienne est celle de la Croix et de la Résurrection. Dieu veut que « *l'homme vive* ». Par la mort du Fils, Il se fait proche de chaque homme, afin de lui révéler la Vie à laquelle Il l'appelle. Tout homme qui désire être sauvé, et pas seulement le chrétien, doit s'arrêter devant la Croix du Christ...

Mais cet homme-là saura-t-il accepter la vérité du Mystère pascal ? Saura-t-il croire ? C'est déjà une autre question, car le Mystère du salut est un fait désormais accompli. Par la Croix et la Résurrection de son Fils, Dieu prend dans ses bras tous les hommes de tous les temps. Il les embrasse tous dans la vie qui est manifestée par la Croix et la Résurrection et qui ne cesse d'en jaillir. Le Mystère pascal est désormais greffé à l'histoire de l'humanité comme à l'histoire particulière de tout homme. L'allégorie de la vigne et des sarments dans l'Évangile selon saint Jean[1] nous aide à le comprendre.

La doctrine chrétienne du salut proclame que c'est la plénitude de vie qui sauve. Il ne s'agit pas seulement d'un salut rendu accessible par la découverte de la vérité dans la Révélation, mais plutôt d'un salut rendu possible par l'Amour et dans l'Amour.

---

1. Jn 15, 1... 5 : « (Jésus dit) : *Moi, je suis la vraie vigne, et mon Père le vigneron. Tout sarment qui est en moi, mais qui ne porte pas de fruit, mon Père l'enlève ; tout sarment qui donne du fruit, il le nettoie, pour qu'il en donne davantage. (...) De même que le sarment ne peut pas porter du fruit par lui-même s'il ne demeure pas sur la vigne, de même vous non plus, si vous ne demeurez pas en moi. Moi, je suis la vigne (...). Celui qui demeure en moi et en qui je demeure, celui-là donne beaucoup de fruit, car, en dehors de moi, vous ne pouvez rien faire.* » (C.D.E.).

On pourrait dire que la sotériologie chrétienne repose avant tout sur l'Amour divin.

C'est d'abord l'Amour, en effet, qui possède cette puissance salvatrice. Selon saint Paul, dans l'Épître aux Corinthiens, cette puissance est supérieure à celle de la pure connaissance de la vérité : « *Ce qui demeure aujourd'hui, c'est la foi, l'espérance et la charité ; mais la plus grande des trois, c'est la charité.*[1] » Le salut par l'Amour est en même temps participation à la plénitude de la vérité ainsi que de la beauté. Toute plénitude est en Dieu. Tous ces « *trésors de vie et de sainteté* », comme disent les litanies du Sacré-Cœur de Jésus, ont été offerts à l'homme par Dieu en Jésus-Christ.

La nature sotériologique du christianisme s'exprime dans la vie sacramentelle de l'Église. Le Christ, venu « *pour que les hommes aient la vie, pour qu'ils l'aient en abondance*[2] », nous ouvre les sources de cette vie. Il nous y donne accès essentiellement dans son Mystère pascal de mort et de Résurrection. À ce Mystère sont liés le baptême et l'eucharistie, ces sacrements qui déposent en l'homme les germes de la vie éternelle. Dans le Mystère pascal, le Christ a également établi la puissance régénératrice du sacrement de la réconciliation. Après la Résurrection, Il dit aux apôtres : « *Recevez l'Esprit Saint. Tout homme à qui vous remettrez ses péchés, ils lui seront remis.*[3] »

1. 1 Co 13, 13.
2. Jn 10, 10.
3. Jn 20, 22-23.

La nature sotériologique du christianisme s'exprime encore dans le culte. Au centre de tout *l'opus laudis* (l'œuvre de louange) se trouve la célébration de la Résurrection et de la Vie.

Dans sa liturgie, l'Église orientale se concentre essentiellement sur la Résurrection. L'Église occidentale respecte ce primat de la Résurrection, mais s'engage souvent plus explicitement dans la célébration de la Passion. Le culte de la Croix du Christ a modelé l'histoire de la prière chrétienne. Il a inspiré les plus grands saints que l'Église a engendrés au cours des siècles. Tous, à commencer par saint Paul, ont vénéré la Croix du Christ[1]. Parmi eux, saint François d'Assise occupe une place éminente, mais il n'y a pas que lui. Il n'est pas de sainteté chrétienne sans dévotion à la Passion, comme il n'est pas de sainteté sans que soit reconnu le primat du Mystère pascal.

L'Église orientale attache une importance particulière à la fête de la Transfiguration. Les saints orthodoxes se sont fréquemment polarisés sur ce mystère. Les saints de l'Église catholique ont souvent porté les stigmates de la Passion, par exemple saint François d'Assise. Ils ont porté en eux les signes physiques de leur identification au Christ jusque dans sa Passion. Ainsi s'est développée, pendant deux mille ans, cette grande synthèse de vie et de sainteté dont le Christ est toujours le centre.

Cependant, tout en étant orienté vers la vie éternelle, vers le bonheur qui se trouve en Dieu, le chris-

---

1. Cf. : Ga 6, 14.

tianisme, et en particulier le christianisme occidental, n'est jamais devenu une religion indifférente au
monde. Il a toujours été ouvert au monde, à ses questions, ses inquiétudes, ses attentes. On en trouve une
confirmation éclatante dans la Constitution sur
l'Église dans le monde de ce temps du Concile Vatican II, *Gaudium et spes*, due à l'initiative personnelle de Jean XXIII. Avant de mourir, il eut encore
le temps de présenter au Concile cette contribution
personnelle. L'*aggiornamento* ne réside pas seulement dans le renouvellement de la vie de l'Église ; il
ne consiste pas seulement dans la recherche de
l'unité des chrétiens « *pour que le monde croie*[1] » ;
il est aussi, et surtout, action "pour le salut du monde". Cette action salvatrice, sans cesse adaptée à la
"figure de ce monde qui passe", est orientée en permanence vers l'éternité, vers la plénitude de la vie.
L'Église ne perd jamais de vue cette plénitude définitive à laquelle le Christ nous conduit. C'est en
quoi la nature sotériologique de l'Église prend en
compte toutes les dimensions de la vie humaine et
temporelle. L'Église est le corps du Christ : corps
vivant, donnant vie à toute chose.

---

1. Jn 17, 20-21. « *Puis Jésus leva les yeux au ciel et pria ainsi : (...) Père,
je ne prie pas seulement pour ceux qui sont là, mais encore pour ceux qui
accueilleront leur parole et croiront en moi. Que tous, ils soient un, comme
toi, Père, tu es en moi, et moi en toi. Qu'ils soient un en nous, eux aussi,
pour que le monde croie que tu m'as envoyé.* » (C.D.E.).

POURQUOI TANT DE RELIGIONS ?

Mais si Dieu, qui est au ciel et qui a sauvé et sauve encore le monde, est unique et s'Il est Celui qui s'est révélé en Jésus-Christ, pourquoi a-t-Il permis qu'il y ait tant de religions différentes ?

Pourquoi rendre si difficile la recherche de la Vérité, au milieu de cet enchevêtrement de cultes, de croyances, de révélations, de doctrines, qui depuis toujours et aujourd'hui encore foisonnent parmi tous les peuples de la terre ?

Vous soulignez la multiplicité des religions. Pour ma part, je voudrais plutôt faire ressortir ce qu'elles ont fondamentalement en commun et leur racine commune.

Le Concile Vatican II a défini les rapports de l'Église avec les religions non chrétiennes dans un document distinct qui commence par les mots *Nostra aetate* (À notre époque). C'est un texte bref et cependant très riche. Il reprend fidèlement le dépôt de la Tradition : ce qu'on y lit correspond à la pensée des Pères de l'Église depuis les temps les plus anciens.

Dès l'origine, la Révélation chrétienne a assumé l'histoire spirituelle de l'homme en prenant en compte, d'une manière ou d'une autre, toutes les religions, faisant par là ressortir l'unité du genre humain devant le destin ultime et éternel de l'homme. Le document conciliaire évoque cette unité en se référant à la recherche, propre à notre temps, du rapprochement et de l'unité de l'humanité, en fonction des moyens dont dispose notre civilisation. L'Église reconnaît dans l'engagement pour cette unité une des tâches qui lui incombent : « *Tous les peuples forment une seule communauté ; ils ont une seule origine, puisque Dieu a fait habiter toute la race humaine sur la face de la terre*[1] *; ils ont aussi une seule fin dernière, Dieu, dont la providence, les témoignages de bonté et les desseins de salut s'étendent à tous*[2] (...).*

Les hommes attendent des diverses religions la réponse aux énigmes cachées de la condition humaine, qui, hier comme aujourd'hui, troublent profondément le cœur humain : qu'est-ce que l'homme ? Quel est le sens et le but de la vie ? Qu'est-ce que le bien et qu'est-ce que le péché ? Quels sont l'origine et le but de la souffrance ? Quelle est la voie pour parvenir au vrai bonheur ? Qu'est-ce que la mort, le jugement et la rétribution après la mort ? Qu'est-ce enfin que le mystère dernier et ineffable qui entoure notre existence, d'où nous tirons notre origine et vers lequel nous tendons ?

Depuis les temps les plus reculés jusqu'à aujourd'hui, on trouve dans les différents peuples une certaine sensibilité à cette force cachée qui est présente au cours des choses et aux événements de la vie humaine, parfois même une reconnaissance de la Divinité suprême, ou encore du Père. Cette sensibilité et cette connaissance pénètrent leur vie d'un profond sens religieux. Quant aux religions liées au progrès de la culture, elles s'efforcent de répondre

1. Ac 17, 26.
2. Cf. : Sg 8, 1 ; Ac 14, 17 ; Rm 2, 6-7 ; 1 Tm 2, 4.

aux mêmes questions par des notions plus affinées et par un langage plus élaboré.[1] »

Ici, le document conciliaire nous conduit en Extrême-Orient. En premier lieu vers l'Est asiatique, un continent où l'activité missionnaire de l'Église, commencée déjà au temps des apôtres, n'a donné, il faut bien l'admettre, que des fruits modestes. Un très faible pourcentage de la population de ce continent, le plus grand de tous, confesse le Christ.

Cela ne veut pas dire que l'engagement missionnaire de l'Église ait été insuffisant. Au contraire, il a été et il demeure très intense. Cependant, la tradition d'anciennes cultures antérieures au christianisme continue à dominer en Orient. Si la foi au Christ touche les cœurs et les esprits, l'image de la vie des sociétés occidentales, dites chrétiennes, constitue plutôt un contre-témoignage et devient un obstacle considérable à l'accueil de l'Évangile. Le Mahatma Gandhi, Indien et hindou, y a fait plusieurs fois allusion. Il était, à sa façon, profondément évangélique, mais se disait déçu par le peu d'influence du christianisme dans la vie politique et sociale des nations européennes. Cet homme qui combattait pour libérer son immense pays de la dépendance coloniale pouvait-il accepter le christianisme tel que les puissances coloniales le faisaient apparaître ?

Le Concile Vatican II a pris conscience de ces difficultés. D'où l'importance du document sur les relations entre l'Église et l'hindouisme et les autres religions d'Extrême-Orient. Nous y lisons : « *Ainsi,*

---

1. *Nostra Aetate* 1-2.

dans l'hindouisme, les hommes scrutent le mystère divin et l'expriment par la fécondité inépuisable des mythes et par les efforts pénétrants de la philosophie ; ils cherchent la libération des angoisses de notre condition soit par les formes de la vie ascétique, soit par la méditation approfondie, soit par le refuge en Dieu avec amour et confiance. Dans le bouddhisme, à travers la variété de ses formes, l'insuffisance radicale de ce monde changeant est reconnue et on enseigne une voie par laquelle les hommes pourront, avec un cœur dévot et confiant, soit acquérir l'état de libération parfaite, soit atteindre l'illumination suprême par leurs propres efforts ou par un secours venu d'en haut.[1] »

Plus loin, le Concile rappelle que « *l'Église catholique ne rejette rien de ce qui est vrai et sain dans ces religions. Elle considère avec un respect sincère ces manières d'agir et de vivre, ces règles et ces doctrines qui, quoiqu'elles diffèrent en beaucoup de points de ce qu'elle-même tient et propose, cependant apportent souvent un rayon de la Vérité qui illumine tous les hommes. Toutefois, elle annonce, et elle est tenue d'annoncer sans cesse, le Christ qui est « la voie, la vérité et la vie*[2] », *dans lequel les hommes doivent trouver la plénitude de la vie religieuse et dans lequel Dieu s'est réconcilié toutes choses.*[3] »

---

1. *Nostra Aetate* 2.
2. Jn 14, 6.
3. *Nostra Aetate* 2.

Ce que dit ici le Concile se fonde sur la conviction, enracinée depuis longtemps dans la Tradition, que les *semina Verbi* (les semences du Verbe) sont présentes dans toutes les religions. L'Église cherche donc à distinguer ces semences dans les grandes traditions d'Extrême-Orient pour dégager, parmi les aspirations complexes du monde contemporain, une sorte de centre d'intérêt commun. Nous pouvons soutenir que la position du Concile est ici inspirée par une sollicitude vraiment universelle. L'Église se laisse guider par sa foi dans la volonté du Dieu créateur de sauver tous les hommes en Jésus-Christ, unique Médiateur entre Dieu et les hommes, puisqu'Il les a tous "rachetés". Le Mystère pascal est offert à tous les hommes et, dans ce Mystère, le chemin menant au salut éternel est ouvert à chacun sans exception.

Dans un autre passage, le Concile affirme que l'Esprit Saint est déjà concrètement à l'œuvre même en dehors des structures visibles de l'Église[1]. Il est à l'œuvre précisément à partir de ces *semina Verbi* qui constituent comme une racine de salut commune à toutes les religions. J'ai eu à maintes reprises l'occasion de m'en convaincre, en visitant les pays d'Extrême-Orient ou en rencontrant ici même des représentants de ces religions, surtout à l'occasion de la rencontre historique d'Assise, pendant laquelle nous nous sommes réunis pour prier pour la paix.

Donc, au lieu de nous étonner que la Providence permette une aussi grande diversité de religions,

---

1. Cf. : *Lumen gentium*, 13.

nous devrions plutôt être surpris par le nombre d'éléments qui leur sont communs.

À ce propos, il convient de ne pas oublier toutes les religions primitives, les religions animistes qui mettent au premier plan le culte des ancêtres. Ceux qui honorent ainsi leurs ascendants semblent être particulièrement proches du christianisme. L'activité missionnaire de l'Église trouve plus facilement avec eux un langage commun. N'y a-t-il pas, dans cette vénération des ancêtres, une sorte de préparation à la foi des chrétiens en la Communion des saints, qui fait que tous les croyants, vivants ou morts, forment une communauté unique, un seul corps ? Et la foi en la Communion des saints est en fin de compte foi dans le Christ, unique source de vie et de sainteté pour tous. Il n'est donc pas surprenant que les animistes africains et asiatiques deviennent assez facilement fidèles du Christ, plus aisément en tout cas que les ressortissants des grandes religions d'Extrême-Orient.

Ces dernières, telles qu'elles nous sont présentées par le Concile, présentent les caractéristiques de systèmes. Ce sont des systèmes cultuels et en même temps éthiques, qui mettent très fortement l'accent sur le bien et le mal. Le confucianisme chinois en fait certainement partie de même que le taoïsme : Tao veut dire "éternelle vérité" — quelque chose d'un peu semblable au Verbe chrétien, qui se reflète dans l'agir de l'homme par la vérité et le bien moral. Les religions de l'Extrême-Orient ont joué un rôle important dans l'histoire de la morale et de la culture. Elles ont permis la prise de conscience d'une identité nationale chez les habitants de la Chine, de l'Inde, du Japon, du Tibet, ainsi que chez les peuples du Sud-Est asiatique et des archipels de l'océan Pacifique. Certains, parmi ces peuples, ont des cultures qui remontent à des époques très lointaines. Les indigènes australiens peuvent se vanter d'une histoire de quelque dizaines de milliers d'années. Leur tradition ethnique et religieuse est plus ancienne que celle d'Abraham et de Moïse...

Le Christ est venu dans le monde pour tous ces peuples. Il les a « rachetés » eux aussi, il est sûr qu'Il suit ses voies mystérieuses pour rejoindre chacun d'eux dans la phase eschatologique actuelle de l'histoire du salut. En fait, dans ces régions, nombreux sont ceux qui L'acceptent déjà et encore plus nombreux ceux qui ont en Lui une foi implicite[1].

---

1. Cf. : He 11, 6. « *Sans la foi, c'est impossible d'être agréable à Dieu ; car, pour s'avancer vers lui, il faut croire qu'il existe et qu'il assure la récompense à ceux qui le cherchent.* » (C.D.E.).

LE BOUDDHISME EST-IL
UNE ALTERNATIVE
AU CHRISTIANISME ?

Avant de passer aux monothéismes, c'est-à-dire aux deux autres grandes religions (le judaïsme et l'islam) dont les fidèles adorent un Dieu unique, je voudrais vous suggérer de vous arrêter encore un peu sur le bouddhisme. En effet, vous ne l'ignorez pas, cette doctrine du salut semble attirer un grand nombre d'Occidentaux, comme une alternative au christianisme ou comme une sorte de "complément", au moins en ce qui concerne les techniques d'ascétisme et de mystique.

Oui, vous avez raison et je vous remercie de soulever ce problème. Parmi les religions citées dans le document conciliaire *Nostra Aetate*, le bouddhisme est celle qui mérite une attention particulière car il est, d'une certaine manière, comme le christianisme, une religion de salut. Cependant, il faut s'empresser d'ajouter que la sotériologie du bouddhisme est presque diamétralement opposée à celle du christianisme.

En Occident, on connaît bien la figure du Dalaï Lama, le chef spirituel des Tibétains. Je l'ai rencontré à plusieurs reprises. La personnalité du Dalaï Lama rapproche le bouddhisme de l'Occident chrétien et suscite un intérêt évident pour la spiritualité bouddhiste et pour ses méthodes de prière. J'ai également rendu visite au "patriarche" bouddhiste à Bangkok, en Thaïlande. Parmi les moines qui l'entouraient, certains étaient originaires des États-Unis. Nous constatons aujourd'hui une certaine diffusion du bouddhisme en Occident.

La sotériologie du bouddhisme constitue le point central et même unique de ce système. Pourtant, la tradition bouddhiste et les méthodes qui en dérivent offrent une sotériologie presque exclusivement négative.

L'"illumination" expérimentée par le Bouddha peut en effet se résumer dans la conviction que ce monde est mauvais, qu'il est une source de malheurs et de souffrances pour l'homme. Pour se délivrer de ces maux, il convient donc de se délivrer du monde ; il faut couper nos liens avec la réalité extérieure, donc les liens que nous impose notre constitution humaine, psychique et corporelle. Au fur et à mesure de cette libération, nous devenons de plus en plus indifférents à tout ce qu'il y a dans le monde et nous nous libérons de la souffrance, c'est-à-dire du mal qui provient du monde.

Nous approchons-nous de Dieu de cette façon ? Il n'en est même pas question dans l'"illumination" proposée par le Bouddha. Le bouddhisme est en grande partie un système "athée". Nous ne nous délivrons pas du mal à travers le bien qui vient de Dieu ; nous nous en libérons seulement en nous éloignant d'un monde qui est mauvais. La plénitude de ce détachement n'est pas l'union avec Dieu, mais ce qu'on appelle le *nirvâna*, c'est-à-dire une indifférence totale envers le monde. Le salut est avant tout une libération du mal, obtenue grâce à un parfait détachement du monde, où réside la source du mal. Voilà le sommet de la démarche spirituelle du bouddhisme.

À ce sujet, on tente parfois de faire un rapprochement avec certains mystiques chrétiens : ceux de

l'Europe du Nord (Eckhart, Tauler, Suso, Ruys-
broek) ou les représentants plus tardifs de la mystique espagnole (sainte Thérèse d'Avila et saint Jean
de la Croix). Mais lorsque saint Jean de la Croix,
dans la *Montée du Carmel* ou dans la *Nuit obscure*,
parle du besoin de purification et d'éloignement du
monde des sens, il ne conçoit pas ce détachement
comme un but en soi. « *Pour venir à ce que vous ne
goûtez, allez par où vous ne goûtez. Pour venir à ce
que vous ne savez, allez par où vous ne savez. Pour
arriver à ce que vous ne possédez, allez par où vous
n'avez rien.*[1] » Ces textes classiques de saint Jean de
la Croix sont parfois interprétés dans l'Est asiatique
comme une validation des méthodes ascétiques de
l'Orient. Mais ce docteur[2] de l'Église ne propose pas
seulement un détachement du monde. S'il préconise
de se libérer du monde, c'est afin de s'unir à ce qui
est distinct du monde ; et ce qui est distinct du
monde n'est pas le *nirvâna*, mais c'est une Personne, c'est Dieu. La purification ne suffit pas à produire l'union à Dieu, car celle-ci ne peut s'accomplir
que dans et par l'Amour.

La mystique carmélitaine commence précisément
là où s'arrêtent les réflexions du Bouddha et ses
prescriptions pour la vie spirituelle. Dans la purification active et passive de l'âme humaine, dans les
nuits spécifiques des sens et de l'esprit, saint Jean de
la Croix voit avant tout la préparation nécessaire

---

1. *Montée du Carmel*, I, 13, 11.
2. L'Église donne ce titre à des saints auxquels elle reconnaît une autorité
particulière en matière de doctrine. (N.D.E.).

pour que l'âme humaine soit embrasée par la flamme ardente de l'Amour. D'où le titre de son œuvre principale : *La vive flamme d'Amour*.

Ainsi, malgré des aspects convergents, une différence fondamentale subsiste. La mystique chrétienne de toutes les époques, depuis les Pères de l'Église d'Orient et d'Occident jusqu'aux mystiques du Carmel, en passant par les grands théologiens de la scolastique, comme saint Thomas d'Aquin, et les mystiques de l'Europe du Nord, ne naît pas d'une "illumination" purement négative, où l'homme prendrait conscience du mal qu'il y a à s'attacher au monde par les sens, l'intelligence et l'esprit. La mystique chrétienne naît de la Révélation du Dieu vivant. Ce Dieu s'ouvre à l'union avec l'homme et suscite dans l'homme la faculté de s'unir à Lui, spécialement en cultivant les vertus théologales : la foi, l'espérance et surtout l'amour.

La mystique chrétienne de tous les siècles et jusqu'à notre époque, y compris la mystique de merveilleux hommes d'action tels que Vincent de Paul, Jean Bosco, Maximilien Kolbe, a construit et continue de construire le christianisme en ce qu'il a d'essentiel. La mystique construit l'Église comme communauté de foi, d'espérance et de charité. Et elle construit en même temps la civilisation — en particulier la "civilisation occidentale", caractérisée par son rapport positif avec le monde, et qui s'est développée grâce aux progrès de la science et de la technique, c'est-à-dire deux disciplines enracinées à la fois dans la tradition philosophique de la Grèce ancienne et dans la Révélation judéo-chrétienne. La vérité sur Dieu créateur et sur le Christ rédempteur du monde constitue un levier puissant, qui génère une attitude positive envers la création et suscite l'engagement dans sa transformation et son perfectionnement.

Le Concile Vatican II a clairement réaffirmé cette vérité : se laisser aller à une attitude négative envers le monde, avec la conviction qu'il n'y a là pour l'homme qu'une source de souffrance et que par conséquent il faut s'en détacher, voilà qui est négatif, non seulement parce que c'est une vision unilatérale, mais encore parce que cette attitude est foncièrement opposée au développement de l'homme selon le dessein du Créateur, qui lui a donné le monde et l'a confié à sa responsabilité.

Nous lisons dans *Gaudium et spes* : « *Le monde dont il s'agit est celui des hommes, la famille humaine tout entière avec l'univers au sein duquel elle vit. C'est le théâtre où se joue l'histoire du genre humain, le monde marqué par l'effort de l'homme, ses défaites et ses victoires. Pour la foi des chrétiens, ce monde a été fondé et demeure conservé par l'amour du Créateur ; il est tombé, certes, sous l'esclavage du péché, mais le Christ, par la Croix et la Résurrection, a brisé le pouvoir du Malin et l'a libéré pour qu'il soit transformé selon le dessein de Dieu et qu'il parvienne ainsi à son accomplissement.*[1] »

---

1. *Gaudium et spes* 2.

Ces paroles nous montrent qu'entre les religions d'Extrême-Orient, en particulier le bouddhisme, et le christianisme, il existe une différence essentielle dans la façon de comprendre le monde. Pour le chrétien, le monde est une création de Dieu, rachetée par le Christ. Dans le monde, l'homme rencontre Dieu : il n'a donc pas besoin de se détacher totalement du monde pour découvrir la profondeur du mystère que lui-même constitue dans son humanité. Pour le christianisme, la vision du monde en tant que mal "radical" n'a pas de sens, puisqu'à l'origine de son histoire se trouve Dieu créateur qui aime sa créature, Dieu qui « *a donné son Fils unique, si bien que tout homme qui croit en lui ne périra pas, mais obtiendra la vie éternelle*[1] ».

Peut-être faut-il alors mettre en garde les chrétiens qui répondent avec enthousiasme à certaines propositions provenant des traditions religieuses d'Extrême-Orient, par exemple en matière de techniques et méthodes de méditation et d'ascèse. Dans certains milieux, ces pratiques sont devenues une sorte de mode, acceptée quasiment sans critique. Il conviendrait au contraire de mieux approfondir notre propre patrimoine spirituel et de se demander si ses ressources ne sont pas injustement négligées. Il faut rappeler ici le document important, quoique bref, de la Congrégation pour la Doctrine de la Foi *Sur quelques aspects de la méditation chrétienne*[2]. Ce texte apporte des réponses précises à la question :

---

1. Jn 3, 16.
2. 15 octobre 1989.

"La prière chrétienne peut-elle être enrichie, et comment, par des méthodes de méditation nées dans le contexte d'autres religions et d'autres cultures ?[1]"

La question de la renaissance de certaines traditions du gnosticisme[2] antique sous la forme de ce qu'on appelle le *New Age* est différente. Il est impossible de se laisser bercer par l'illusion que ce retour de la gnose préluderait à un renouveau de la religion. Il s'agit tout simplement de la version moderne d'une attitude spirituelle qui, au nom d'une prétendue connaissance supérieure de Dieu, finit par rejeter définitivement sa Parole en la remplaçant par des paroles toutes humaines. La gnose n'a jamais disparu du champ du christianisme. Elle a toujours cohabité avec lui, parfois en tant que courant philosophique, plus souvent sous des formes religieuses ou parareligieuses, en opposition nette, même si elle n'est pas explicite, avec l'essentiel du christianisme.

---

1. N° 3.
2. Le gnosticisme prétend que l'homme n'est sauvé que par la révélation qu'il reçoit. Le salut est donc réservé à des initiés qui ont accès à la "connaissance". (N.D.E.).

QUELLE DIFFÉRENCE Y A-T-IL ENTRE LE DIEU DES MUSULMANS ET LE DIEU DES CHRÉTIENS ?

Notre approche est évidemment différente quand il s'agit des synagogues et des mosquées, où se réunissent ceux qui adorent le Dieu unique.

Oui, certainement. Il en va tout autrement en ce qui concerne ces grandes religions monothéistes, à commencer par l'islam. Dans la Déclaration conciliaire *Nostra Aetate*, déjà citée, on peut lire : « *L'Église regarde aussi avec estime les musulmans qui adorent le Dieu unique, vivant et subsistant, miséricordieux et tout-puissant, créateur du ciel et de la terre.*[1] » En raison de leur monothéisme, ceux qui croient en Allah nous sont particulièrement proches.

Je me souviens d'un événement de ma jeunesse. Nous visitions à Florence le couvent Saint-Marc, où nous admirions les fresques de Fra Angelico. Un homme se joignit alors à notre groupe, partageant notre émerveillement devant l'œuvre du grand artiste que fut ce moine, mais il ne tarda pas à ajouter : « Mais il n'y a rien là qui atteigne la beauté de notre monothéisme musulman ». Cette déclaration ne nous empêcha pas de continuer notre visite avec cet homme en discutant amicalement avec lui. À

---

1. *Nostra Aetate* n° 3.

cette occasion, j'ai pu avoir comme un avant-goût de ce que serait ce dialogue entre le christianisme et l'islam que l'on tente de développer systématiquement depuis le Concile.

Quiconque lit le Coran, en connaissant déjà bien l'Ancien et le Nouveau Testament, percevra clairement le processus de réduction dont la Révélation divine y est l'objet. Il est impossible de ne pas être frappé par l'incompréhension qui s'y manifeste de ce que Dieu a dit de Lui-même, d'abord dans l'Ancien Testament par les prophètes, ensuite de façon définitive dans le Nouveau Testament par son Fils. Toute cette richesse de l'auto-révélation de Dieu, qui constitue le patrimoine de l'Ancien et du Nouveau Testament, a été, en fait, laissée de côté dans l'islam.

Le Dieu du Coran est appelé des plus beaux noms connus dans le langage humain. Mais, en fin de compte, c'est un Dieu qui reste étranger au monde. Un Dieu qui est seulement Majesté et jamais Emmanuel, « *Dieu-avec-nous* ». L'islam n'est pas une religion de rédemption. Il n'offre aucun espace à la Croix et à la Résurrection. Jésus est mentionné, mais seulement comme prophète qui prépare la venue du dernier de tous les prophètes, Mahomet. Marie aussi, la Vierge-Mère, est nommée. Mais le drame de la Rédemption est complètement absent. C'est pourquoi non seulement la théologie mais encore l'anthropologie de l'islam sont très éloignées de celles du christianisme.

Cependant, la religiosité des musulmans est digne de respect. On ne peut pas ne pas admirer, par exemple, leur fidélité à la prière. Sans se préoccuper ni du temps ni du lieu, celui qui nomme Dieu Allah tombe à genoux et se plonge dans la prière plusieurs fois par jour. Cette image reste un modèle pour ceux qui confessent le vrai Dieu, et en particulier pour ces chrétiens qui abandonnent leurs merveilleuses cathédrales et prient si peu ou ne prient pas du tout.

Le Concile a invité l'Église au dialogue avec les fidèles du Prophète, et l'Église s'est engagée dans cette voie. Nous lisons dans *Nostra Aetate* : « *Si, au cours des siècles, de nombreuses dissensions et inimitiés se sont manifestées entre les chrétiens et les musulmans, le Concile les exhorte tous à oublier le passé et à s'efforcer sincèrement à la compréhension mutuelle, ainsi qu'à protéger et à promouvoir ensemble, pour tous les hommes, la justice sociale, les valeurs morales, la paix et la liberté.*[1] »

Dans cette perspective, les rencontres de prière à Assise ont certainement eu, comme je l'ai déjà indiqué, une importance considérable, surtout la prière pour la paix en Bosnie en 1993. Il faut ajouter les rencontres avec les musulmans pendant mes nombreux voyages apostoliques en Afrique ou en Asie. Il est arrivé que la majorité des habitants du pays où je me rendais soient des fidèles de l'islam : eh bien, cela n'empêchait pas que le Pape soit chaleureusement accueilli ni qu'il soit écouté avec bienveillance.

---

1. *Nostra Aetate* n° 3.

Mon voyage au Maroc, où j'étais invité par le roi
Hassan II, peut sans aucun doute être considéré
comme un événement historique. Ce ne fut pas seulement une visite de courtoisie, mais un fait d'ordre
vraiment pastoral. Inoubliable, cette rencontre avec
les jeunes dans le grand stade de Casablanca
(1985) ! L'ouverture des jeunes au discours du Pape
sur la foi en l'unique Dieu était frappante. Il y a certainement eu là un événement sans précédent.

Cependant, les difficultés très concrètes ne
manquent pas non plus. Dans les pays où les courants fondamentalistes prennent le pouvoir, les
droits de l'homme et le principe de la liberté religieuse sont interprétés, hélas, de façon tout à fait
unilatérale : par liberté religieuse, on entend la
liberté d'imposer la "vraie religion" à tous les
citoyens. La condition des chrétiens dans ces pays
est parfois vraiment dramatique. Les attitudes fondamentalistes de ce genre rendent les contacts réci-
proques fort difficiles. Néanmoins, la disponibilité
au dialogue et à la collaboration demeure immuable
du côté de l'Église.

LE PEUPLE JUIF PEUT-IL
SE RECONNAITRE
DANS LA NOUVELLE ALLIANCE ?

Il est prévisible que Votre Sainteté voudra maintenant nous parler de la religion d'Israël.

B IEN SÛR. À travers la multiplicité surprenante des religions qui nous entourent, si l'on peut dire, en cercles concentriques, nous arrivons à celle qui est la plus proche de nous : la religion du Peuple de Dieu dans l'Ancienne Alliance.

Les termes de la Déclaration *Nostra Aetate* constituent un tournant décisif. Le Concile dit : « *L'Église du Christ, en effet, reconnaît que les prémices de sa foi et de son élection se trouvent, selon le mystère divin du salut, dans les patriarches, Moïse et les prophètes. (...) C'est pourquoi l'Église ne peut oublier qu'elle a reçu la révélation de l'Ancien Testament par l'intermédiaire de ce peuple avec lequel Dieu, dans Sa miséricorde indicible, a daigné conclure l'Antique Alliance, et qu'elle se nourrit de la racine de l'olivier franc sur lequel ont été greffés les rameaux de l'olivier sauvage que sont les gentils. (...) Du fait d'un si grand patrimoine spirituel, commun aux chrétiens et aux juifs, le Concile veut encourager et recommander entre eux la connaissance et l'estime mutuelles, qui naîtront surtout d'études bibliques et théologiques ainsi que d'un dialogue fraternel.*[1] »

Derrière la Déclaration du Concile, il y a l'expérience de nombreuses personnes, juifs et chrétiens. Il y a aussi mon expérience personnelle, depuis mes plus jeunes années dans ma ville natale. Je me rappelle avant tout l'école primaire de Wadowice, où un quart au moins des élèves étaient juifs. Je tiens à rappeler tout particulièrement mon amitié avec l'un d'eux, Jerzy Kluger. C'est une amitié qui dure depuis les bancs de l'école jusqu'à nos jours. J'ai encore devant les yeux, bien vivante, l'image des juifs qui tous les samedis se rendaient à la synagogue située derrière notre école. Les deux groupes religieux, catholiques et juifs, étaient unis, je suppose, par la conscience de prier le même Dieu. Bien que l'on n'utilisât pas la même langue, les prières à la synagogue et à l'église se fondaient en grande partie sur les mêmes textes.

Ensuite vint la seconde guerre mondiale, avec les camps de concentration et l'extermination programmée. Les fils et les filles du peuple d'Israël furent les premiers à la subir, pour le seul motif qu'ils étaient juifs. Tous ceux qui vivaient en Pologne durent affronter cette atroce réalité, même si ce ne fut qu'indirectement.

Je l'ai, moi aussi, ressentie pour ma part, et c'est une expérience qu'encore aujourd'hui je porte en moi. Auschwitz est peut-être le symbole le plus éloquent de la *Shoah* du peuple juif, et rappelle à quoi

---

1. *Nostra Aetate* n° 4.

peut conduire, au sein d'une nation, un système édifié sur les principes de la haine raciale et de la soif de puissance. Auschwitz ne cesse d'être une mise en garde toujours d'actualité, qui nous interdit d'oublier que l'antisémitisme est un horrible péché contre l'humanité, et que toute espèce de racisme conduit inévitablement à l'écrasement de l'homme.

Je voudrais revenir à la synagogue de Wadowice. Elle a été détruite par les Allemands. Aujourd'hui, elle a disparu. Il y a quelques années, Jerzy est venu me dire qu'une plaque serait posée en mémorial à l'emplacement de la synagogue. Je dois avouer que nous en avons été tous les deux profondément émus. Nous nous sommes efforcés de nous remémorer les personnes que nous connaissions, qui nous étaient chères, et ces samedis de notre enfance et de notre adolescence, quand la communauté juive de Wadowice se rendait à la prière. Je lui ai promis que j'adresserais un message personnel pour cette circonstance, en signe de solidarité et d'union spirituelle avec la communauté juive, et je l'ai fait. C'est Jerzy qui a transmis à mes concitoyens de Wadowice le contenu de cette lettre. Ce pèlerinage fut très dur pour lui. Toute sa famille était restée dans la petite ville et avait péri à Auschwitz. Quand il est allé à Wadowice pour l'inauguration de la plaque à la mémoire de la synagogue locale, c'était la première fois qu'il y revenait, cinquante ans plus tard...

Comme je viens de le dire, en amont de *Nostra Aetate* se trouve l'expérience de nombreuses personnes. Je me souviens de la période de mon travail pastoral à Cracovie. C'est une ville où, en particulier dans le quartier Kazimierz, subsistent de nombreuses traces de la culture et de la tradition juives. Avant la guerre, il y avait à Kazimierz plusieurs dizaines de synagogues, certaines d'une grande richesse artistique. En tant qu'archevêque de Cracovie, j'ai eu des contacts étroits avec la communauté juive de la ville. J'entretenais des rapports fort cordiaux avec le chef de cette communauté, et ces contacts se sont poursuivis après mon départ pour Rome.

Depuis mon élection au Siège de Pierre, je ne conserve de mon passé que ce qui est profondément enraciné dans ma vie. Lors de mes voyages apostoliques dans le monde, j'essaie ainsi toujours de rencontrer les représentants des communautés juives. La visite à la synagogue de Rome a cependant été pour moi une expérience tout à fait exceptionnelle. L'histoire des juifs de Rome constitue à elle seule un chapitre à part dans l'histoire de ce peuple, et ces pages ont de plus été écrites dans le prolongement des Actes des Apôtres. Il m'a été donné, pendant cette mémorable visite, de désigner les juifs comme "nos frères aînés dans la foi". Ce que j'ai dit là n'a fait que résumer ce qu'a dit le Concile et ces paroles reflètent une conviction profonde de l'Église. Le Concile Vatican II a été bref sur ce sujet, mais ce qu'il a proclamé recouvre une réalité immense, qui n'est pas seulement religieuse, mais aussi culturelle.

Ce peuple extraordinaire continue à porter en lui les signes de l'élection divine. Il m'est arrivé de le soutenir devant un homme politique israélien. Il acquiesça de bon gré, mais ajouta : « Si seulement cela pouvait coûter moins cher ! » En vérité, Israël a payé très cher son "élection". Peut-être grâce à ce prix, cette nation est-elle devenue plus semblable au Fils de l'Homme qui était fils d'Israël selon la chair. Le deux millième anniversaire de sa venue en ce monde sera une fête pour les juifs aussi.

Je me réjouis du fait que mon ministère sur le Siège de Pierre se place pendant la période postconciliaire, à une époque où l'inspiration qui fut à l'origine de la Déclaration *Nostra Aetate* se concrétise. Ainsi, les deux grands moments de l'élection divine se rapprochent l'un de l'autre : les deux Alliances, l'Ancienne et la Nouvelle.

La Nouvelle Alliance trouve ses racines dans la première. Quand le peuple de l'Ancienne Alliance pourra-t-il se reconnaître dans l'Alliance Nouvelle ? La réponse appartient à l'Esprit Saint. Nous autres hommes devons seulement essayer de ne pas enrayer son cheminement. Le dialogue judéochrétien est certainement une première concrétisation de cette volonté de ne pas mettre d'obstacles. Ce dialogue est mené, il faut le noter, pour ce qui concerne l'Église, par le Conseil pontifical pour la Promotion de l'Unité des Chrétiens[1].

Je me réjouis aussi du fait que, dans le contexte du processus de paix en cours au Moyen-Orient, malgré

---

1. Et non par le Conseil pontifical pour le Dialogue inter-religieux ou le Conseil pontifical pour la Culture comme on aurait pu le supposer en ignorant tout ce qui unit l'Église du Christ au peuple juif. (N.D.E.).

bien des difficultés et des obstacles, grâce à l'initiative d'Israël, l'instauration de relations diploma-
tiques entre le Siège Apostolique et Israël soit devenue possible. Quant à la reconnaissance de l'État
d'Israël, je tiens à souligner que je n'en ai jamais
contesté le principe.

Un jour, au terme d'une de mes rencontres avec
les communautés juives, l'un des participants a dit :
« Je voudrais remercier le Pape pour ce que l'Église
catholique a fait pendant deux mille ans pour faire
connaître le vrai Dieu ».

Indirectement, ces paroles permettent de
comprendre comment la Nouvelle Alliance contribue à l'accomplissement de tout ce qui a pris racine
dans la vocation d'Abraham, dans l'Alliance du
Sinaï établie avec Israël et dans ce patrimoine si
riche des prophètes inspirés par Dieu, ces prophètes
qui, des siècles à l'avance, rendaient présent, dans
leurs Livres sacrés, Celui que Dieu allait envoyer
« *lorsque les temps seraient accomplis*[1] ».

---

1. Ga 4, 4.

LE CHRISTIANISME VA-T-IL MOURIR ?

Saint-Père, pardonnez-moi, mais mon rôle consiste à être un provocateur respectueux, dont la mission est de vous soumettre certains problèmes qui suscitent l'inquiétude de nombreux catholiques aujourd'hui.

Vous êtes revenu plusieurs fois, en soulignant l'importance symbolique de l'événement, sur le fait que le troisième millénaire de l'ère de la Rédemption va bientôt commencer. Si les projections statistiques sont exactes, c'est justement aux alentours de l'an deux mille, et pour la première fois dans l'histoire, que les musulmans seront plus nombreux que les catholiques. Aujourd'hui déjà, les hindouistes à eux seuls sont plus nombreux que les protestants et les orthodoxes grecs et slaves tous ensemble. Au cours de vos voyages apostoliques dans le monde, vous arrivez souvent sur des terres où ceux qui croient au Christ, et en particulier les catholiques, sont une minorité, et souvent en diminution.

Quels sont vos sentiments face à cette réalité, au bout de vingt siècles d'évangélisation ? Quel mystérieux dessein de Dieu y discernez-vous ?

JE PENSE qu'une telle vision du problème découle d'une interprétation simpliste de sa nature. La question se pose à un niveau plus profond, et j'ai déjà essayé de l'expliquer dans ma réponse à votre précédente question. En l'occurrence, les statistiques ne servent à rien : les chiffres n'ont ici aucun sens.

La sociologie de la religion, bien qu'elle soit par ailleurs fort utile, n'a pas non plus grand-chose de décisif à dire à cet égard. Ses critères de mesure n'ont guère de pertinence pour rendre compte de l'intime conviction des êtres. Les statistiques qui présentent la foi sous un angle quantitatif, par exemple en établissant par projection ou sondage le nombre de ceux qui participent aux rites religieux, ne touchent pas le cœur de la question. Les chiffres ne suffisent pas.

Votre question qui, comme vous l'avez souligné vous-même, se veut une provocation, présente le problème de la façon suivante : comptons les musulmans ou les hindouistes dans le monde, comptons les catholiques, ou les chrétiens en général, et nous saurons quelle est la religion majoritaire, celle qui a l'avenir devant elle et celle qui, à l'inverse, semble appartenir au passé ou est engagée dans un processus de décomposition ou de déclin.

En vérité, du point de vue de l'Évangile, la question se pose en des termes tout à fait différents. Le Christ dit : « *Sois sans crainte, petit troupeau, car le Père a trouvé bon de vous donner le Royaume.*[1] » Je pense que le Christ donne là, par avance, la meilleure réponse imaginable aux inquiétudes dont vous vous faites l'écho. Jésus va même plus loin quand il demande : « *Mais le Fils de l'homme, quand il reviendra, trouvera-t-il encore la foi sur la terre ?*[2] »

De même que la citation précédente où il est question du "petit troupeau", cette interrogation révèle le réalisme foncier du Christ à l'égard de ses apôtres. Il ne les préparait pas à des succès faciles. Il parlait clairement des persécutions qui attendaient ses fidèles. Et, en même temps, Il édifiait la certitude de la foi. « *Le Père s'est complu à donner le Royaume* » à ces douze hommes de Galilée et, par leur intermédiaire, à toute l'humanité. Il les prévenait : sur le chemin de la mission vers laquelle Il les dirigeait, les échecs et les persécutions les attendaient, puisque Lui-même avait été persécuté : « *Si l'on m'a persécuté, on vous persécutera, vous*

---

1. Lc 12, 32.
2. Lc 18, 8.

aussi ». Mais tout de suite Il enchaînait : « *Si l'on a observé ma parole, on observera aussi la vôtre.*[1] »

Dès ma jeunesse, j'ai pris conscience que ces paroles contiennent l'essence même de l'Évangile. L'Évangile ne promet pas de succès faciles. Il ne garantit à personne une vie agréable. Il pose au contraire des exigences. En même temps, il contient une merveilleuse promesse : celle de la vie éternelle pour l'homme assujetti à la loi de la mort — la promesse d'une victoire par la foi à l'homme menacé par tant de défaites.

Il y a un paradoxe fondamental dans l'Évangile : pour trouver la vie, il faut la perdre ; pour naître, il faut mourir ; pour se sauver, il faut prendre sa croix ! C'est la vérité centrale au cœur de l'Évangile, et toujours et partout cette vérité se heurtera à la protestation des hommes.

Toujours et partout l'Évangile sera un défi à la faiblesse humaine. Mais c'est justement dans ce défi que réside sa force, car peut-être l'homme attend-il, dans son subconscient, un tel défi : ne possède-t-il pas en lui-même le besoin de se dépasser ? Ce n'est qu'en se dépassant que l'homme est pleinement humain. « *Apprenez que l'homme passe infiniment l'homme.*[2] »

Voilà la vérité la plus profonde sur l'homme. Le Christ est le premier à la connaître ; Il sait vraiment

---

1. Jn 15, 20.
2. Blaise Pascal, *Pensées*, éd. Brunschvicg n° 434.

« *ce qu'il y a dans l'homme*[1] ». Par son Évangile, Il a touché la vérité intime de l'homme. Il l'a touchée avant tout par sa Croix. Quand il montrait à la foule le Nazaréen couronné d'épines après la flagellation, Pilate ne se rendait pas compte qu'en disant : « *Voici l'homme*[2] », il proclamait une vérité fondamentale et exprimait ce qui demeure, toujours et partout, le contenu de l'évangélisation.

---

1. Jn 2, 25.
2. Jn 19, 5.

LE DÉFI DE LA NOUVELLE
ÉVANGÉLISATION
PEUT-IL ÊTRE RELEVÉ ?

Votre Sainteté peut-elle s'arrêter un instant sur cette expression qui revient tout le temps dans son enseignement, dans ses exhortations : l'évangélisation, ou plutôt la nouvelle évangélisation, qui semble être la tâche principale, et la plus urgente, pour le chrétien à la fin du XXe siècle ?

Eɴ ᴇꜰꜰᴇᴛ, l'appel à un grand élan d'évangélisation se fait entendre de toutes parts dans la vie de
l'Église aujourd'hui. Mais, en vérité, cet appel n'a
jamais été oublié : « *Malheur à moi si je n'annonçais pas l'Évangile !*[1] » Ce que proclamait ainsi Paul
de Tarse a été vécu à toutes les époques de l'histoire
de l'Église. Lui-même, pharisien converti, fut
implacablement poursuivi par ce "malheur" ! Et le
monde méditerranéen où il vivait entendit sa parole :
la Bonne Nouvelle du salut en Jésus-Christ. Ce
monde se mit à réfléchir sur la signification d'un tel
message. Nombreux furent ceux qui suivirent
l'apôtre. Il ne faut jamais oublier l'appel mystérieux
qui poussa saint Paul à dépasser la frontière entre
l'Asie Mineure et l'Europe[2]. Ce fut le commencement de la première évangélisation de l'Europe.

La rencontre de l'Évangile avec le monde hellénique a donné beaucoup de fruits. Parmi les auditeurs que Paul réussit à réunir autour de lui, ceux qui
vinrent l'écouter à Athènes méritent une attention

---

1. 1 Co 9, 16.
2. Cf. : Ac 16, 9-10.

particulière. Il vaut la peine d'analyser le discours de
saint Paul à l'Aréopage[1] : un chef-d'œuvre dans son
genre. Ce que dit l'apôtre et sa façon de le dire
donnent la mesure de son génie évangélisateur.
Nous savons que cette intervention se termina par un
échec. Tant que Paul parlait d'un Dieu inconnu, ses
auditeurs le suivaient, parce qu'ils appréhendaient
dans son discours des éléments qui s'accordaient à
leur propre religiosité. Mais dès qu'il mentionna la
Résurrection, ils réagirent en protestant. L'apôtre
comprit alors qu'il serait difficile pour les Grecs,
habitués à la mythologie et aux différentes formes
de spéculation philosophique, d'accepter le mystère
du salut dans le Christ. Cependant, il n'abandonna
pas. Ayant subi une défaite à Athènes, il reprit avec
un pieux entêtement l'annonce de l'Évangile. Cette
sainte obstination le conduisit finalement à Rome,
où il trouva la mort.

C'est donc ainsi que l'Évangile est sorti du cadre
étroit de Jérusalem et de la Palestine et a commencé
sa course vers les limites extrêmes du monde
d'alors. Ce que Paul annonçait de vive voix, il le
confirmait ensuite par ses épîtres. Ces lettres témoignent que l'apôtre laissait derrière lui, partout où il
allait, des communautés vivantes, où il ne cessait
d'ailleurs d'être présent, comme témoin du Christ
crucifié et ressuscité.

L'évangélisation lancée par les apôtres a ainsi
posé les fondations de l'édifice spirituel de l'Église.
Elle portait en germe son devenir et s'est révélée un

---

1. Ac 17, 16-34.

modèle valable pour toutes les époques. Sur les traces des apôtres, leurs disciples ont continué l'œuvre d'évangélisation à la seconde et à la troisième génération. Ce fut l'époque héroïque, l'époque de saint Ignace d'Antioche[1], de saint Polycarpe[2] et de tant d'autres vénérables martyrs.

L'évangélisation ne réside pas seulement dans l'enseignement vivant de l'Église, la première annonce de la foi (le kérygme) et l'éducation dans la foi (la catéchèse). Elle consiste également en un immense travail de réflexion sur la vérité révélée. Cette recherche s'est concrétisée depuis le début dans l'œuvre des Pères, en Orient et en Occident. Et quand il y eut confrontation avec les élucubrations gnostiques ou les autres hérésies qui émergeaient, ce fut la polémique.

Dans l'évangélisation s'inscrit, en particulier, l'activité des différents conciles. Le Concile de Jérusalem, tenu par les apôtres eux-mêmes en 50 environ[3], aurait probablement suffi pendant les premiers siècles, s'il n'y avait pas eu la rencontre du monde hellénique. Les conciles œcuméniques successifs ont découlé de la nécessité d'exprimer les vérités de la foi révélée dans un langage accessible et convaincant pour ceux qui vivaient dans ce milieu de culture grecque.

---

1. Mort vers 107, Ignace était évêque d'Antioche (en Turquie actuelle). Arrêté sous le règne de Trajan, il subit le martyre à Rome. (N.D.E.).
2. Disciple de saint Jean, Polycarpe, évêque de Smyrne, fut brûlé vif sous le règne de Marc Aurèle en l'an 150. (N.D.E.).
3. Cf. : Ac 15.

Tout ceci appartient à l'histoire de l'évangélisation, histoire qui s'est développée dans la rencontre avec la culture de chaque époque. C'est pourquoi tous les Pères de l'Église ont participé de façon décisive à l'évangélisation du monde, et ne se sont pas contentés de jeter les bases de la doctrine théologique et philosophique du christianisme au cours du premier millénaire. Jésus avait dit : « *Allez dans le monde entier.*[1] » Avec les grandes découvertes, l'Église devait affronter de nouvelles tâches d'évangélisation.

Le premier millénaire est caractérisé par la rencontre avec les nombreuses populations qui, en se déplaçant, pénétraient les terres christianisées. Ces envahisseurs recevaient la foi et ils devenaient-chrétiens, bien qu'ils fussent souvent incapables d'appréhender le mystère du christianisme dans sa plénitude. C'est ainsi que beaucoup d'entre ces nouveaux convertis glissèrent vers l'arianisme, qui niait l'égalité du Fils au Père, et tentèrent d'imposer cette hérésie, dans le monde chrétien. Ce ne furent pas uniquement des discussions théologiques ; il s'agissait d'une lutte sans merci, dont l'enjeu était l'interprétation de la substance même de l'Évangile. À travers toutes ces disputes, on pouvait entendre la voix du Christ : « *Allez donc ! De toutes les nations faites des disciples.*[2] » *Ad gentes* : vers des peuples nouveaux ! L'efficacité de ces paroles du Rédempteur du monde est stupéfiante.

---

1. Mc 16, 15.
2. Mt 28, 19.

Un des plus grands événements de l'histoire de l'évangélisation a été sans aucun doute la mission des deux frères originaires de Thessalonique, les saints Cyrille et Méthode. Ils furent les apôtres des Slaves : ils leur apportèrent l'Évangile et, en même temps, ils fondèrent leurs cultures nationales. On peut dire que ces peuples leur doivent leur langue liturgique et littéraire. Tous les deux ont œuvré au IXe siècle, entre Constantinople et Rome. Ils ont agi au nom de l'unité des Églises d'Orient et d'Occident, même si cette unité commençait alors déjà à s'effriter. L'héritage de leur évangélisation demeure dans les vastes régions de l'Europe centrale et méridionale, et maintes nations slaves reconnaissent en eux, encore aujourd'hui, leurs maîtres dans la foi et les pères de leur culture.

Une nouvelle vague d'évangélisation partira à la fin du XVe, siècle avant tout de l'Espagne et du Portugal. Ce dynamisme est d'autant plus extraordinaire que précisément à cette époque, après ce qu'on appelle le schisme d'Orient du XIe siècle, se produisait la division dramatique de l'Occident. La grande splendeur médiévale de la papauté était passée ; la Réforme protestante s'étendait énergiquement. Eh bien, tandis que l'Église romaine perdait des populations entières au nord des Alpes, la Providence lui ouvrait des perspectives nouvelles. Avec la découverte de l'Amérique commençait l'évangélisation de tout ce continent, du nord au sud. Nous avons célébré, il n'y a pas si longtemps, le cinq centième anniversaire de cette évangélisation, dans l'intention non seulement de commémorer un événement du passé, mais aussi de nous interroger sur nos responsabilités aujourd'hui, à la lumière de l'œuvre accomplie par des missionnaires héroïques, et tout spécialement des religieux, d'un bout à l'autre du continent américain.

L'élan missionnaire qui s'est manifesté outre-Atlantique avec la découverte du nouveau continent n'a pas manqué de susciter de nouvelles initiatives ecclésiales vers l'Orient. Le XVIe siècle est aussi celui de saint François Xavier qui déploya son activité missionnaire précisément à l'Est, vers les Indes et le Japon. Cette activité fut efficace, même si elle se heurta à une vive résistance de la part de peuples héritiers de civilisations millénaires. Il fallait s'engager dans l'inculturation[1], comme le proposait le père Matteo Ricci[2], l'apôtre de la Chine, si on voulait que le christianisme atteigne en profondeur l'âme de ces peuples. J'ai déjà évoqué le fait qu'une toute petite partie de la population asiatique est chrétienne, mais il est sûr que ce "petit troupeau" participe au Royaume que le Père a donné aux apôtres par l'intermédiaire du Christ. La vitalité de certaines Églises asiatiques est surprenante : une fois encore, c'est là le fruit des persécutions. Ceci vaut, en parti-

---

1. Dans l'annonce de l'Évangile, souci d'exprimer sans le trahir le message chrétien et le rendre présent dans les différentes cultures des peuples. (N.D.E.).
2. Jésuite italien (1552-1610), il fut le premier missionnaire à réussir à entrer en Chine, en 1583. Il adapta la liturgie aux coutumes chinoises et développa une théologie qui soulignait les points de convergence avec la philosophie de Confucius. (N.D.E.).

culier, pour la Corée, pour le Vietnâm et, en ces derniers temps, pour la Chine aussi.

La conscience du fait que l'Église tout entière est perpétuellement *in statu missionis* (en état de mission) s'est manifestée vigoureusement pendant le siècle passé et continue à se manifester en ce siècle, en tout premier lieu parmi les vénérables Églises de l'Europe occidentale. Il suffit de se rappeler qu'il n'y a pas si longtemps, la moitié des prêtres de certains diocèses, notamment français, partaient en mission.

L'encyclique *Redemptoris missio*, publiée il y a peu, s'efforce de récapituler ce passé proche aussi bien que lointain, en allant de l'Aréopage d'Athènes jusqu'à notre époque, où les assemblées de ce genre se multiplient. L'Église évangélise, l'Église annonce le Christ qui est « *le Chemin, la Vérité et la Vie* », l'unique médiateur entre Dieu et les hommes. Malgré les faiblesses humaines, l'Église est infatigable dans sa prédication. L'immense vague missionnaire du siècle passé s'est dirigée vers tous les continents, et en particulier vers le continent africain. Nous avons aujourd'hui en Afrique une Église indigène déjà formée. Les rangs des évêques noirs sont fournis. L'Afrique noire devient un continent de vocations missionnaires. Grâce à Dieu, les vocations ne manquent pas. Plus elles diminuent en Europe et plus elles augmentent là-bas, en Afrique et en Asie.

Un jour, peut-être, s'apercevra-t-on que le cardinal Hyacinthe Thiandoum avait raison quand il prévoyait que le vieux monde serait évangélisé par des missionnaires n'appartenant pas à la race blanche. Là aussi, il faut se demander s'il n'y a pas une preuve de la vitalité sans cesse renaissante de l'Église. J'évoque ces faits pour jeter une lumière différente sur la question préoccupante de l'érosion du nombre des chrétiens et en particulier des catholiques. Le défaitisme n'est vraiment pas justifié. Si le monde n'est pas catholique du point de vue confessionnel, il est certainement imprégné en profondeur par l'Évangile. On peut même être assuré qu'invisiblement, le mystère de l'Église, Corps du Christ, y est plus que jamais présent et actif.

L'Église reprend chaque jour son combat contre l'esprit de ce monde. Ce n'est rien d'autre que le combat pour l'âme de ce monde. En effet, si d'un côté l'Évangile est présent et l'évangélisation se poursuit, d'un autre côté une puissante antiévangélisation ne désarme jamais. Elle dispose de moyens et de vastes programmes et elle s'oppose avec détermination à l'Évangile et à l'évangélisation. Le combat pour l'âme du monde contemporain est à son apogée là où l'esprit de ce monde semble le plus puissant. C'est en ce sens que l'encyclique *Redemptoris missio* parle des aréopages modernes. Ces aréopages sont le monde de la science, de la culture, des moyens de communication. Ce sont les milieux où se forment les élites intellectuelles, c'est la sphère des écrivains et des artistes.

Aujourd'hui l'évangélisation renouvelle sa rencontre avec l'homme, elle s'adapte au changement de génération. Tandis que passent les générations qui se sont éloignées du Christ et de l'Église, qui ont accepté le modèle "laïc", sécularisé, de pensée et de vie, ou auxquelles ce modèle a été imposé, l'Église regarde toujours vers le futur ; sans jamais s'arrêter, elle va à la rencontre des nouvelles générations. Et il devient clair que ces nouvelles générations accueillent avec enthousiasme ce que leurs parents semblaient rejeter.

Qu'est-ce que cela signifie ? Cela signifie que le Christ est toujours jeune. Cela signifie que le Saint-Esprit est sans cesse à l'œuvre. Cette remarque du Christ nous éclaire : « *Mon Père est toujours à l'œuvre, et moi aussi je suis à l'œuvre.*[1] » Le Père et le Fils œuvrent ensemble dans l'Esprit Saint, qui est l'Esprit de vérité, et la vérité ne cesse d'attirer l'homme, spécialement les cœurs jeunes. Alors, il ne faut pas s'arrêter aux statistiques. Pour le Christ, seules comptent les œuvres de charité. L'Église, malgré toutes les pertes qu'elle subit, ne cesse de poser sur l'avenir un regard plein d'espérance. Cette espérance est un signe de la force de l'Esprit. Et la puissance de l'Esprit doit être toujours mesurée à l'aune de ces paroles de l'apôtre : « *Malheur à moi si je n'annonçais pas l'Évangile.*[2] »

Dix ans après le Concile, le Synode des Évêques a été convoqué pour travailler sur le thème de l'évangélisation. Le produit de ce travail fut l'Exhortation apostolique de Paul VI, *Evangelii nuntiandi*. Ce

---

1. Jn 5, 17.
2. 1 Co 9, 16.

n'est pas une encyclique, mais sa valeur intrinsèque est telle qu'elle est plus importante que bien des encycliques. Ce texte est, si l'on peut dire, le développement de l'enseignement conciliaire sur ce qui constitue la mission essentielle de l'Église : « *Malheur à moi si je n'annonçais pas l'Évangile !* »

Dans le monde contemporain, la soif de l'Évangile est particulièrement vive dans la perspective désormais proche de l'an deux mille. On perçoit nettement ce besoin, peut-être justement parce que le monde semble s'éloigner de l'Évangile, ou bien parce qu'il n'y est pas encore parvenu. La première hypothèse, c'est-à-dire l'éloignement de l'Évangile, concerne surtout le Vieux Monde et en premier lieu l'Europe ; la seconde hypothèse, en revanche, concerne le continent asiatique, l'Extrême-Orient et l'Afrique. Si, depuis *Evangelii nuntiandi*, on répète l'expression "nouvelle évangélisation", c'est par rapport aux nouveaux défis que lance le monde contemporain à la mission de l'Église.

Il est symptomatique que l'encyclique *Redemptoris missio* parle d'un « nouveau printemps de l'évangélisation ». Plus significatif encore, peut-être, est le fait que cette encyclique ait été accueillie dans différents milieux avec satisfaction, voire avec enthousiasme. Après *Evangelii nuntiandi*, ce texte propose comme une synthèse actualisée des principes qui doivent animer l'évangélisation du monde contemporain.

L'encyclique s'efforce de cerner les problèmes les plus brûlants ; elle désigne par leur nom les obstacles qui se dressent sur le chemin de l'évangélisation ; elle cherche à clarifier certains concepts, dont on abuse parfois, spécialement dans les médias ; enfin, elle met en évidence les régions du monde où la vérité de l'Évangile est particulièrement attendue, par exemple les pays post-communistes. Pour ces pays, qui ont déjà une longue histoire chrétienne, c'est bel et bien une sorte de ré-évangélisation qui est devenue nécessaire.

Cette nouvelle évangélisation n'a rien à voir avec ce qui a été insinué par certaines publications qui ont parlé de "restauration" ou bien qui ont lancé des accusations de prosélytisme, en manipulant dans un sens unilatéral et tendancieux les concepts de pluralisme et de tolérance. Une lecture approfondie du décret conciliaire *Dignitatis humanae*, sur la liberté religieuse, peut aider à éclaircir ces malentendus et à dissiper les craintes qu'on essaie ainsi de réveiller, peut-être dans le but de priver l'Église du courage et du dynamisme dont elle a besoin pour accomplir sa mission d'évangélisation. Cette mission fait partie de l'essence même de l'Église. Le Concile Vatican II en a formulé le principe en affirmant que « *l'Église est de par sa nature missionnaire*[1] ».

Indépendamment des objections qui portent sur le principe même de l'évangélisation et sur les chances de la mener à bien dans le monde contemporain, d'autres critiques ont été formulées, au niveau des méthodes et des moyens mis en œuvre. En 1989, la Journée mondiale de la jeunesse a eu lieu à Saint-

---

1. *Ad Gentes*, 2.

Jacques-de-Compostelle, en Espagne. La réponse des jeunes, et en particulier de ceux d'Europe, fut extraordinairement chaleureuse. Les anciennes routes conduisant les pèlerins vers le tombeau de l'apôtre saint Jacques le Majeur connurent à nouveau une animation fantastique. On sait l'importance que ce sanctuaire, et les pèlerinages en général, ont eue pour le christianisme ; on sait aussi le rôle qu'ont joué ces démarches spirituelles dans la formation de l'identité culturelle de l'Europe. Mais, au moment même où se reproduisait ce phénomène fondateur, des voix se sont élevées pour soutenir que *"le rêve de Compostelle"* appartenait désormais et de manière irréversible au passé, et que l'Europe chrétienne n'était plus qu'une donnée historique à classer dans les archives. Que certains milieux, qui prétendent représenter l'opinion publique, soient pris d'une telle panique à la simple idée d'une nouvelle évangélisation ne peut que donner à réfléchir...

Par ailleurs, dans ce contexte de la nouvelle évangélisation, il n'est pas neutre que l'on redécouvre la valeur authentique de ce qu'on appelle la religiosité populaire. Il n'y a pas si longtemps, on n'en parlait guère que sur le ton du mépris. Aujourd'hui, en revanche, certaines de ces formes d'expression collective de la foi, comme les pèlerinages sur des chemins anciens ou récents, connaissent un véritable renouveau. Ainsi, au témoignage inoubliable du rassemblement de Saint-Jacques-de-Compostelle, en 1989, est venue s'ajouter l'expérience de Jasna Góra à Czestochowa en 1991. Ce sont les jeunes générations qui partent le plus volontiers en pèlerinage. Et non seulement sur notre vieux continent, mais aussi aux États-Unis, où, malgré l'absence d'une tradition de pèlerinages vers des sanctuaires en Amérique, la rencontre mondiale de Denver (1993) a réuni des centaines de milliers de jeunes fidèles du Christ.

Il existe donc aujourd'hui une demande explicite pour une nouvelle évangélisation. L'homme attend que l'annonce de l'Évangile l'accompagne dans son pèlerinage sur la terre. Les jeunes attendent ce message pour se mettre en route. L'émergence de ce phénomène n'est-elle pas déjà un signe de l'an deux mille qui approche ?

De plus en plus souvent, les pèlerins se tournent vers la Terre sainte, vers Nazareth, Bethléem et Jérusalem. Dans cette démarche de foi, c'est le peuple de Dieu de l'Ancienne et de la Nouvelle Alliances qui se perpétue. En cette fin du XXe siècle, ce peuple garde, parmi les jeunes générations, la même conscience qu'Abraham lorsqu'il écoutait la voix de Dieu qui l'appelait à entreprendre le pèlerinage de la foi. Et quel appel revient plus souvent dans l'Évangile que celui-ci : « *Suis-moi*[1] » ? Cette voix appelle les hommes d'aujourd'hui, et tout particulièrement les jeunes, à partir loin, sur les chemins de l'Évangile, en direction d'un monde meilleur.

---

1. Cf. : par exemple Mt 4, 19-20 ; 8, 22 ; Mc 1, 17-18 ; 2, 14 ; Lc 5, 27 ; 9, 59-61 ; Jn 1, 37. 40-43 ; etc.

LES JEUNES :
UNE VRAIE RAISON D'ESPÉRER ?

Les jeunes bénéficient à l'évidence de l'affectueuse atten-
tion du Saint-Père. Vous aimez à répéter que c'est en eux que
l'Église met son espoir pour relancer l'évangélisation.
Mais Votre Sainteté est-elle sûre que cet espoir soit fondé ?
Ne nous trouvons-nous pas, malheureusement, devant l'illu-
sion toujours renouvelée par les adultes que la nouvelle géné-
ration sera meilleure que la leur et que toutes celles qui l'ont
précédée ?

Vous soulevez ici un problème dont l'analyse est complexe et les enjeux considérables.

Comment se comportent les jeunes aujourd'hui et que cherchent-ils ? On pourrait se contenter de répondre qu'ils sont ce que, de tout temps, les jeunes ont toujours été. Comme l'a rappelé le Concile[1], il y a des constantes dans l'être humain qui ne changent pas d'une génération à l'autre. Plus encore peut-être qu'aux autres étapes de la vie, cette donnée se vérifie pour la jeunesse. Il faut néanmoins reconnaître que, sous certains aspects, les jeunes d'aujourd'hui sont nettement différents de leurs aînés. Lorsque nous étions jeunes, notre génération s'est formée en traversant les douloureuses épreuves de la guerre, des camps de concentration, du danger permanent. De telles expériences ont révélé chez les jeunes d'alors — et je pense aux jeunes du monde entier, même si j'ai particulièrement à l'esprit la jeunesse polonaise — d'extraordinaires capacités d'héroïsme.

---

1. *Gaudium et spes,* n° 10.

Il suffit d'évoquer l'insurrection générale de Varsovie en 1944 : dans un élan désespéré, mes contemporains n'hésitèrent pas à jeter leur jeune vie dans le feu du brasier. Ils voulaient en quelque sorte montrer leur maturité face au pesant héritage qu'ils avaient reçu. Moi aussi, j'appartiens à cette génération et je pense que l'héroïsme de mes contemporains a constitué un élément décisif dans le discernement de ma vocation personnelle. À son retour du camp de concentration de Sachsenhausen, le père Konstanty Michalski, un des grands professeurs de l'Université Jagellon de Cracovie, a écrit un livre intitulé *Entre héroïsme et bestialité*. Ce titre rend parfaitement compte du climat qui régnait à l'époque. Michalski rappelait, en parlant du frère Albert Chmielowski, le précepte évangélique selon lequel « *il faut donner sa vie*[1] ». Curieusement, dans cette période marquée par un terrifiant mépris de l'homme, alors que le prix de la vie humaine était déprécié comme jamais il ne le fut, la vie de chacun devint infiniment précieuse, prenant la valeur d'un don gratuit.

À l'évidence, les jeunes d'aujourd'hui grandissent dans un contexte tout à fait différent. Ils ne portent pas les stigmates de la seconde guerre mondiale. Beaucoup d'entre eux, de surcroît, n'ont même pas ou peu connu les luttes contre le système communiste et l'État totalitaire. Ils vivent dans la liberté que d'autres ont conquise pour eux, et ils cèdent souvent aux attraits de la société de consommation. Voilà,

1. Cf. : Jn 15, 13.

sommairement esquissés, les paramètres de la situation actuelle.

Dans cette situation, rien ne permet d'affirmer de façon péremptoire que les jeunes tournent le dos aux valeurs traditionnelles et abandonnent l'Église. L'expérience des éducateurs et des pasteurs confirme qu'aujourd'hui comme hier, un certain idéalisme continue de caractériser cet âge, même si cet idéalisme a désormais tendance à se traduire sous forme de critiques, alors qu'il s'exprimait jadis positivement par l'engagement. Les nouvelles générations grandissent aujourd'hui dans un climat dominé par le néo-positivisme, tandis que les traditions romantiques l'emportaient à l'époque de ma jeunesse en Pologne. Les jeunes que je rencontrais, juste après mon ordination, s'étaient formés dans cette ambiance d'exaltation. Ils voyaient dans l'Église et dans l'Évangile les repères d'où pourraient rayonner les forces intérieures qui leur permettraient de bâtir une vie qui ait un sens. Je me souviens encore des discussions avec ces jeunes, qui exprimaient en termes concrets ce que la foi leur apportait.

La principale découverte que je fis à cette période de ma mission pastorale consacrée surtout aux jeunes, fut que l'essentiel se joue souvent à la fin de l'adolescence. Qu'est-ce que la jeunesse ? Certainement pas une période quelconque de la vie, située entre l'enfance et l'âge adulte ; je pense au contraire que c'est un temps privilégié que la Providence donne à chaque être humain pour trouver sa vocation ; le temps où chacun cherche, comme le jeune homme de l'Évangile, une réponse à ses questions fondamentales — bien entendu sur le sens de son existence, mais aussi, et plus concrètement, sur ce qui pourra construire sa vie au jour le jour. Voilà ce qui distingue de tous les âges le temps de la jeunesse. Chaque éducateur, à commencer par les parents, mais ce n'est pas moins vrai pour les pasteurs, doit tenir compte de cette spécificité et doit s'efforcer d'aider chaque garçon et chaque fille à l'assumer. Je dirais même plus : il faut aimer ces caractères constitutifs de la jeunesse.

Certes, à chaque époque de sa vie, l'homme désire affirmer sa personnalité et rencontrer l'amour. Mais au moment de sa jeunesse, ces deux aspirations fondamentales s'expriment avec une intensité accrue. Cependant, le désir de s'affirmer ne saurait autoriser à légitimer tout et n'importe quoi. En fait, les jeunes ne demandent pas que tout leur soit permis : ils sont prêts à accepter qu'on les guide ; ils attendent qu'on leur dise "oui" ou "non". Ils se cherchent des conseillers et ils les veulent disponibles. S'ils se confient volontiers à des personnes qui ont de l'autorité, c'est parce qu'ils les sentent riches de chaleur humaine et capables de les accompagner sur la route qu'ils ont choisi de suivre.

Il est clair que le problème essentiel qu'affronte la jeunesse reste fondamentalement celui de la personne. La jeunesse est le temps de la personnalisation de la vie humaine. Elle est aussi la période de la découverte de la communion. Les jeunes, garçons et filles, prennent progressivement conscience qu'ils devront vivre pour les autres et avec les autres ; ils sentent bien que leur vie n'aura de sens que dans la mesure où ils en feront le don gratuit à leur prochain. Toutes les vocations trouvent leur origine dans cette découverte, qu'il s'agisse des vocations sacerdotales et religieuses ou des vocations au mariage.

Car l'appel au mariage est aussi une vocation, un don de Dieu. Je n'oublierai jamais ce garçon, étudiant à l'École polytechnique de Cracovie, qui aspirait fermement à la sainteté. C'était son projet de vie ! Il avait conscience d'avoir reçu la vie « pour la plus haute des destinées », comme le disait saint Stanislas Kostka. Et, en même temps, il avait acquis la conviction qu'il n'était appelé ni au sacerdoce ni à la vie religieuse. Il savait que sa vocation était d'être laïc. Il était passionné par son travail, par ses études d'ingénieur. Il cherchait une compagne pour la vie et il la cherchait à genoux, dans la prière. Je ne puis oublier ce qu'il me dit, au terme d'une journée de retraite, il me dit : « Je crois que je dois recevoir telle jeune fille pour femme, c'est le Seigneur qui me la donne. » Comme s'il ne se laissait pas seulement guider par ses désirs personnels, mais aussi par la voix de Dieu Lui-même. Il savait bien que tout bonheur nous vient de Lui, et il avait admirablement bien choisi son épouse. Il s'appelait Jerzy Ciesielski. Il est mort prématurément dans un accident au Soudan, où il avait été invité pour enseigner à l'université. Son procès de béatification est déjà lancé...

La vocation des jeunes à l'amour constitue, naturellement, la réalité de leur vie la plus accessible aux adultes. Pendant mon ministère sacerdotal, je m'en suis immédiatement rendu compte. Je sentais comme une force intérieure qui me poussait : il faut préparer les jeunes au mariage, il faut leur parler de l'amour. L'amour ne s'apprend pas, et pourtant il n'existe rien au monde qu'un jeune ait autant besoin d'apprendre ! Quand j'étais un jeune prêtre, j'ai appris à aimer l'amour humain. C'était un des thèmes sur lesquels j'ai axé tout mon sacerdoce, mon ministère dans la prédication, au confessionnal et à travers ce que j'écrivais. Si l'on aime vraiment l'amour humain, on ressent le besoin urgent de s'engager de toutes ses forces en faveur du "grand amour".

Car l'amour est grand et beau. Au fond, les jeunes cherchent toujours la beauté dans l'amour, ils veulent que leur amour soit beau. S'ils cèdent aux tentations, s'ils suivent des modèles de comportement qui peuvent apparaître comme le "lieu d'achoppement du monde contemporain" (et les modèles aberrants ne sont, hélas, que trop répandus), au fond de leur cœur les jeunes rêvent toujours d'un amour pur et beau. Ce n'est pas moins vrai pour les garçons que pour les filles. Et finalement ils pressentent bien que personne ne peut, en dehors de Dieu, leur offrir un tel amour. Alors ils sont prêts à suivre le Christ, sans se soucier des sacrifices que ce choix peut impliquer.

Pendant ces années où j'étais jeune prêtre, je me suis fait cette haute idée des jeunes et de la jeunesse. Par la suite, cet idéal ne m'a jamais quitté, et c'est lui qui m'incite à rencontrer des jeunes partout où je vais. Chaque curé de Rome sait que la visite de l'évêque de Rome dans sa paroisse doit se terminer par une rencontre avec les jeunes. Et ce n'est pas vrai qu'à Rome : partout où le Pape se rend, il veut voir les jeunes et les jeunes veulent le voir. En vérité, ce n'est pas lui qu'ils cherchent, mais le Christ, Lui qui sait « *ce qu'il y a dans le cœur de l'homme*[1] », surtout dans celui d'un jeune. Seul le Christ sait répondre en vérité à ceux qui s'interrogent et L'interrogent ! Et même si ces réponses manifestent des exigences, les jeunes ne les esquivent pas ; au contraire, on dirait plutôt qu'ils n'attendent que ça !

Toutes ces évocations permettent de comprendre comment sont nées les "Journées mondiales de la jeunesse". Les jeunes furent d'abord invités à Rome à l'occasion de l'Année jubilaire de la Rédemption, puis pour l'Année internationale de la jeunesse, proclamée par l'Organisation des Nations Unies en 1985. Personne n'a inventé ces Journées. Ce sont les jeunes eux-mêmes qui les ont créées. Ces rassemblements correspondent à une aspiration des jeunes dans tous les pays du monde. Ces Journées sont souvent riches en surprises pour les pasteurs et même pour les évêques. Le nombre de jeunes présents et la

---

1. Jn 2, 25.

façon dont se déroulent ces Journées dépassent régulièrement toutes les prévisions et tous les espoirs.

Les jeunes nous donnent là un merveilleux témoignage de ce qu'ils sont en réalité. Ces grands rassemblements internationaux sont devenus un extraordinaire instrument d'évangélisation. En effet, les jeunes sont porteurs d'un immense potentiel de bien et de créativité. Quand je les rencontre, où que ce soit dans le monde, je suis d'abord attentif à ce qu'ils veulent me dire sur eux, sur la société dans laquelle ils vivent, sur leur Église. Je leur dis : « Ce n'est pas ce que j'ai à vous dire qui compte le plus : l'important, c'est ce que vous me direz. Vous ne me le direz pas seulement par des paroles, mais aussi par votre présence, par vos chants, peut-être même par vos danses, par vos jeux et vos mimes, en un mot par votre enthousiasme. »

Nous avons fondamentalement besoin de l'enthousiasme des jeunes et de leur joie de vivre qui perpétuent la joie originelle de Dieu lorsqu'Il créa l'homme. Les jeunes ressentent en eux cette joie. Toute joie provient de la même source, mais son expression dans la vie de l'homme est toujours nouvelle et sans précédent. Les jeunes ont mille et une manières d'exprimer leur joie. Il est donc faux de prétendre que c'est le Pape qui mène les jeunes d'un pôle à l'autre du globe terrestre pour s'imposer à eux comme leur guide. Ce sont plutôt eux qui le mènent ! Plus j'avance en âge, plus les jeunes m'exhortent à rester jeune. Ils me permettent de ne pas oublier ce que la vie m'a appris, ma découverte de la jeunesse et de son importance décisive dans chaque existence humaine. Je crois que cela explique beaucoup de choses...

Le jour de l'inauguration de mon pontificat, le 22 octobre 1978, à la fin de la liturgie, j'ai tenu à dire aux jeunes depuis la place Saint-Pierre : « Vous êtes l'espérance de l'Église et du monde. Vous êtes mon espérance. » Ce sont des paroles qu'il ne faut surtout pas oublier.

Les jeunes et l'Église... Pour résumer, je tiens à réaffirmer qu'au fond d'eux-mêmes les jeunes cherchent Dieu, ils cherchent un sens à leur vie, ils cherchent une réponse vraie à la question : « *Que dois-je faire pour avoir part à la vie éternelle ?*[1] » Dans cette recherche, ils ne peuvent que rencontrer l'Église. Et l'Église ne peut que rencontrer les jeunes. Il suffit que l'Église comprenne en profondeur leurs véritables aspirations. Il faut aussi que les jeunes fassent connaissance avec l'Église, qu'ils découvrent en elle le Christ qui marche à travers les siècles avec chaque génération, avec chaque être humain. Il marche avec chacun de nous comme un ami. Quel moment plus décisif dans la vie d'un jeune que le jour où il acquiert la certitude que Jésus est le seul Ami qui ne le décevra jamais, le seul sur lequel il pourra toujours compter ?

---

1. Lc 10, 25.

LA CHUTE DU COMMUNISME :
MYSTÈRE OU MIRACLE ?

Dieu semble se taire. On n'a jamais cessé de parler de ce "silence de Dieu". Mais, en réalité, Il ne cesse d'agir. C'est ce qu'affirment ceux qui lisent, au milieu des vicissitudes humaines, la réalisation des plans énigmatiques de la Providence.

Pour ne parler que d'événements récents, vous avez souvent exprimé une conviction bien précise. Je me souviens, par exemple, de ce que vous avez dit dans les pays baltes, à l'occasion de votre première visite dans un territoire de l'ex-Union soviétique, à l'automne 1993. Et cette conviction, c'était que l'on peut apercevoir dans la chute du marxisme athée le digitus Dei, *le "doigt de Dieu". En évoquant cet effondrement, au bout de soixante-dix ans, d'un pouvoir qui semblait avoir des siècles devant lui, vous avez fait souvent allusion à un "mystère", parfois même à un "miracle".*

LE CHRIST affirme : « *Mon Père est toujours à l'œuvre, et moi aussi je suis à l'œuvre.*[1] » Quel est le sens exact de cette affirmation ? L'union avec le Père, le Fils et dans l'Esprit Saint constitue l'essentiel de la vie éternelle. Et « *la vie éternelle, c'est de te connaître, toi, le seul Dieu, le vrai Dieu, et de connaître celui que tu as envoyé, Jésus Christ*[2] ». Mais quand Jésus nous révèle que le Père « *est toujours à l'œuvre* », il ne dévoile pas directement ce qui se passe dans l'éternité. Il révèle plutôt que Dieu est perpétuellement à l'ouvrage dans le monde. Le christianisme n'est pas seulement une religion de la connaissance abstraite, de la contemplation. C'est tout autant une religion de l'action concrète, celle de Dieu et celle de l'homme. Le grand maître de la vie mystique et de la contemplation, saint Jean de la Croix, le dit bien : «*Au soir de notre vie, nous serons jugés sur l'amour.*[3] » Jésus avait déjà énoncé cette même vérité de la manière la plus simple dans

---

1. Jn 5, 17.
2. Jn 17, 3.
3. *Paroles de lumière et d'amour*, 59.

son discours sur le Jugement dernier que saint Matthieu nous a transmis dans son Évangile[1].

Peut-on parler du silence de Dieu ? Et, si c'est le cas, comment interpréter ce silence ?

Oui, en un sens, on peut prétendre que Dieu se tait ; mais Il se tait parce qu'Il nous a déjà tout révélé ! Il a parlé "jadis" par la voix des prophètes et "en ces jours qui sont les derniers" par la personne de son Fils[2] : Il nous a dit en Jésus tout ce qu'Il avait à nous dire. Saint Jean de la Croix affirme que le Christ est « *comme une mine riche d'immenses veines de trésors que l'on aura beau creuser, mais que l'on n'épuisera jamais ; au contraire, on découvrira dans chaque cavité de nouvelles veines de richesses*[3] ». Il faut donc réécouter sans se lasser cette voix de Dieu qui s'est incarnée dans l'histoire des hommes. Et si certains n'entendent pas cette Parole, c'est peut-être parce qu'ils n'ouvrent pas assez grand leur cœur. À leur propos, le Christ parlait de ceux qui « *regardent sans voir et qui écoutent sans entendre*[4] ». Et pourtant, faire l'expérience de Dieu reste toujours à la portée de chaque homme, car Dieu nous est directement accessible en Jésus-Christ, par l'Esprit Saint qui habite en nos cœurs.

Malgré les apparences, nombreux sont ceux qui font chaque jour l'expérience que Dieu est à l'œuvre dans le monde. C'est même la plus formidable expérience que l'on puisse faire de nos jours, surtout

1. Cf. : Mt 25, 31-46.
2. Cf. : He 1, 1-2.
3. Cantique spirituel, 13, 37, expl. n° 4.
4. Cf. : Mt 13,13.

pour les jeunes générations. Quel autre sens pour-
rait-on donner à la multiplication des communautés,
des mouvements qui se manifestent dans l'Église ?
Quel phénomène cette floraison traduit-elle, sinon
que la Parole de Dieu a été écoutée et entendue ?
Et que signifie l'expérience du rassemblement de
Denver, sinon que la voix de Dieu a été entendue par
les jeunes, malgré un contexte où, humainement parlant, l'échec était certain pour la simple raison que
beaucoup a été fait pour empêcher qu'on L'écoute ?

Cette écoute et cette reconnaissance de la voix de
Dieu sont à la source de l'action : le mouvement de
la pensée, le mouvement du cœur, le mouvement de
la volonté y prennent racine. Un jour, j'ai essayé de
faire prendre conscience aux représentants des différents mouvements d'apostolat que l'Église est
avant tout "mouvement", mission : elle est la mission qui commence en Dieu le Père et qui, à travers
le Fils dans le Saint-Esprit, rejoint l'humanité et la
façonne d'une manière toujours nouvelle. Oui, le
christianisme est l'œuvre merveilleuse de Dieu !

L'œuvre de sa Parole passe dans l'œuvre des
sacrements. Et que sont les sacrements (tous les
sacrements !), sinon l'œuvre du Christ dans l'Esprit
Saint ? Lorsque l'Église baptise, c'est le Christ qui
baptise ; lorsque l'Église remet les péchés, c'est le
Christ qui remet les péchés ; lorsque l'Église offre
l'Eucharistie, c'est le Christ qui s'offre : « *Ceci est
mon corps.* » Il en va de même pour tous les sacrements qui sont toujours une action du Christ,
l'œuvre de Dieu dans le Christ. Il est donc vraiment

injustifié de parler du silence de Dieu. Il faudrait plutôt parler de la volonté d'étouffer la voix de Dieu.

En vérité, cette volonté d'étouffer la voix de Dieu est assez délibérée. Beaucoup font tout ce qui est en leur pouvoir pour que sa voix ne soit pas entendue, afin que seule la voix de l'homme soit entendue. Or la voix de l'homme est bien incapable d'offrir autre chose que des perspectives terrestres. Le discours de l'homme est même capable de provoquer la désolation à une échelle cosmique. Faut-il donc rappeler l'histoire tragique de notre siècle ?

Dans votre question, vous constatez que l'action de Dieu est manifeste dans l'histoire de notre temps à travers la chute du communisme. Toutefois, il faut se garder des simplifications excessives. Ce que nous appelons communisme a son histoire : cette histoire a commencé par une révolte face à l'injustice, comme je l'ai rappelé dans l'encyclique *Laborem exercens*. La juste indignation du monde ouvrier a, par la suite, été transformée en idéologie. Mais cette protestation a été également reprise par le magistère de l'Église. Pour s'en convaincre, il suffit de relire l'encyclique *Rerum novarum*, publiée à la fin du siècle dernier. Ajoutons que le magistère ne s'est pas contenté de protester, mais qu'il a jeté un regard prophétique sur l'avenir. En fait, Léon XIII a été le premier à prédire, d'une certaine manière, l'effondrement du communisme, et à prévoir que cette chute coûterait cher à l'humanité et à l'Europe, « *puisque le remède*, écrivait-il dans son encyclique de 1891, *pouvait se révéler plus dangereux que la maladie elle-même* » ! Ainsi parlait ce Pape, avec toute l'autorité de l'Église enseignante.

Et que dire des trois enfants portugais de Fatima qui, tout à coup, à la veille de la révolution d'Octobre[1], entendirent la Vierge Marie leur dire : « *La Russie se convertira* » et : « *À la fin, mon Cœur triomphera* » ? Ces enfants n'ont pas pu inventer de telles prédictions. Ils n'avaient que peu de notions d'histoire et de géographie, encore moins des mouvements sociaux et du développement des idéologies. Et pourtant, tout ce qu'ils ont annoncé s'est réalisé[2].

Le rappel de ces événements ne permet-il pas de comprendre pourquoi le Pape de la fin du siècle a été appelé "d'un pays de l'Est" ? Il fallait peut-être aussi que l'attentat de la place Saint-Pierre eût lieu un

---

1. Celle qui devait aboutir, en 1917, à la prise du pouvoir en Russie par les bolcheviques de Lénine. (N.D.E.).
2. Le 13 mai 1917, trois petits bergers ont une apparition de la Vierge Marie. Lucia a dix ans, Francisco a neuf ans et Jacinta à peine sept. Ils ne savent ni lire, ni écrire. L'apparition leur dit : « *N'ayez pas peur ! Je viens du ciel.* » Le 13 juillet, l'apparition leur dit encore : « *Revenez ici chaque mois : en octobre, je vous dirai qui je suis et ce que je veux et je ferai un grand miracle pour que tout le monde puisse vous croire.* » Et elle ajoute : « *La guerre (1914-1918) va vers sa fin, mais, si l'on ne cesse d'offenser le Seigneur, sous le prochain pontificat une autre bien pire commencera.* » Et elle ajoute : « *Si l'on écoute mes demandes, la Russie se convertira et le monde connaîtra la paix. Sinon, elle répandra ses erreurs à travers le monde provoquant des guerres et des persécutions contre l'Église, mais finalement, mon Cœur Immaculée triomphera.* » À la suite de ces premières apparitions, les enfants seront l'objet d'interrogatoires policiers et de pressions multiples, mais ils ne varieront jamais dans leurs témoignages.
Quand le 13 octobre arrive, plus de 50 000 personnes sont réunies sur le lieu des apparitions et assistent au fameux miracle du soleil. La Vierge Marie se présente aux enfants et leur confie un secret. (N.D.E.).

13 mai 1981[1], pour que tout devienne plus clair et compréhensible, pour que la voix de Dieu, qui parle dans l'histoire des hommes à travers les "signes des temps", puisse être plus facilement entendue et comprise.

Ainsi, le Père est constamment à l'œuvre, et le Fils est constamment à l'œuvre lui aussi, par l'invisible Esprit Saint qui est Amour et qui, parce qu'Il est Amour, ne cesse de poursuivre l'œuvre créatrice, salutaire, sanctifiante et vivifiante du Dieu trinitaire.

Il serait simpliste de prétendre que l'effondrement du communisme a été provoqué par l'intervention directe de la divine Providence. Le communisme en tant que système est, d'une certaine manière, tombé tout seul. Sa chute est la conséquence de ses erreurs et de ses excès. Il s'est révélé "un remède plus dangereux que la maladie elle-même". Devenu pour le monde entier une puissante menace et un formidable défi, il n'a cependant pas réussi à mettre en œuvre une véritable réforme sociale. Le communisme est tombé tout seul, à cause de sa faiblesse immanente.

« *Mon Père est toujours à l'œuvre, et moi aussi je suis à l'œuvre.*[2] » En vérité, la chute du communisme nous offre un panorama rétrospectif sur les modes de pensée et d'action qui caractérisent la civilisation contemporaine, principalement européenne, et qui ont provoqué la naissance du marxisme-léninisme. Cette civilisation a remporté des succès

---

1. Attentat dont a été victime le "pape polonais" en 1981 et qui coïncide avec l'anniversaire de la première apparition de Fatima. (N.D.E.).
2. Jn 5, 17.

indéniables dans de nombreux domaines. Mais, en exploitant l'homme de toutes les manières possibles et imaginables, elle a commis d'énormes erreurs et des excès inexcusables. Notre civilisation a toujours su se doter de structures de pouvoir et de soumission, aussi bien politiques que culturelles (notamment grâce aux moyens de communication sociale), qui lui permettent d'imposer à l'humanité entière ses erreurs et ses excès.

Comment expliquer autrement la différence qui s'est creusée entre les pays riches de l'hémisphère nord et les pays de plus en plus pauvres de l'hémisphère sud ? Qui sont les responsables ? Le responsable, c'est l'homme : ce sont les hommes, avec leurs idéologies et leurs systèmes philosophiques. Mais, en dernière analyse, je dirai que le vrai coupable, c'est le refus de Dieu, la volonté d'élimination systématique de tout ce qui est chrétien. Ce combat contre Dieu domine, dans une large mesure, depuis trois siècles, la pensée et la vie de l'Occident. Le collectivisme marxiste n'est qu'une "version aggravée" de ce programme d'éradication du christianisme. Qui aujourd'hui ne voit pas qu'un tel projet ne peut plus dissimuler davantage la menace qu'il constitue ? Qui ne voit, finalement, son impuissance ?

Car Dieu, Lui, est fidèle à son Alliance qu'Il a établie avec l'humanité en Jésus-Christ. Il ne la rompra jamais, puisqu'Il a voulu une fois pour toutes que le destin de l'homme conduise à la vie éternelle dans le Royaume des cieux. L'homme cédera-t-il à l'amour de Dieu, reconnaîtra-t-il son erreur tragique ? Le Prince des ténèbres — ce « *père du mensonge*[1] » qui accuse constamment les fils des hommes comme il avait auparavant accusé Job[2] — s'avouera-t-il jamais vaincu ? Il est probable que non... Mais peut-être les arguments que nous lui fournissons pour nous accuser s'affaibliront-ils peu à peu. Peut-être l'humanité déposera-t-elle ses armes et deviendra-t-elle progressivement plus humaine, peut-être ouvrira-t-elle à nouveau ses oreilles et son cœur pour écouter la Parole par laquelle Dieu a tout dit à l'homme...

Cette conversion n'aura rien d'une reddition humiliante. L'homme n'apprend vraiment qu'en reconnaissant ses propres erreurs. L'humanité peut suivre le même chemin, pour que Dieu la conduise par les chemins tortueux de son histoire. Il ne cesse d'œuvrer dans ce sens. L'essentiel de son œuvre restera toujours la Croix et la Résurrection du Christ. Voilà la parole définitive sur la vérité et sur l'amour ! Voilà la source inépuisable de l'action de Dieu, dans les sacrements comme dans les autres voies que Lui seul connaît. Cette œuvre de Dieu s'accomplit dans le cœur de l'homme tout au long de l'histoire de l'humanité.

---

1. Jn 8, 44.
2. Cf. : Jb 1, 9ss.

HORS DE L'ÉGLISE, POINT DE SALUT ?

La foi catholique s'appuie sur trois réalités vivantes qui sont intimement liées. Nous avons déjà abordé les deux premières : Dieu et Jésus-Christ. Il est temps de parler de la troisième : l'Église.

Presque tout le monde, même en Occident, croit en Dieu, ou du moins en une divinité "quelconque". L'athéisme, étayé et déclaré, a toujours été et semble être encore réservé à une "élite". Nombreux sont aussi ceux qui continuent à croire qu'en Jésus de Nazareth, Dieu s'est "incarné", ou s'est du moins manifesté d'une manière unique.

Mais l'Église ? Et en particulier l'Église catholique ? La prétention que "hors de l'Église il n'y a point de salut" suscite chez beaucoup un sentiment de révolte. Il n'est pas rare que l'on se demande, parmi les chrétiens, et même parmi les catholiques, pourquoi seule l'Église catholique, au milieu de toutes les autres Églises, posséderait la plénitude de l'Évangile et serait seule capable de l'enseigner ?

POUR RÉPONDRE à cette question, il convient d'abord d'expliquer la doctrine chrétienne du salut et de la médiation du salut qui vient toujours et uniquement de Dieu. « *Il n'y a qu'un seul Dieu, il n'y a qu'un seul médiateur entre Dieu et les hommes : un homme, le Christ Jésus.*[1] » « *Son Nom, donné aux hommes, est le seul qui puisse nous sauver.*[2] »

Par conséquent, la vérité révélée est que le salut réside exclusivement dans le Christ. L'Église, qui est le Corps du Christ, est tout simplement l'instrument de ce salut. Dès les premiers mots de la Constitution conciliaire sur l'Église, *Lumen gentium*, nous lisons : « *L'Église est dans le Christ en quelque sorte le sacrement, c'est-à-dire à la fois le signe et le moyen, de l'union intime avec Dieu et de l'unité de tout le genre humain.*[3] » En tant que peuple de Dieu, l'Église est donc en même temps le Corps du Christ.

Le dernier Concile a donné une explication pénétrante du mystère de l'Église : « *Le Fils de Dieu,*

---

1. 1 Tm 2, 5.
2. Ac 4, 12.
3. *Lumen gentium*, n° 1.

dans la nature humaine qu'Il s'est unie, a racheté l'homme en triomphant de la mort par sa mort et sa Résurrection, et Il l'a transformé en une créature nouvelle[1]. En effet, en communiquant son Esprit à ses frères, qu'Il rassemblait de toutes les nations, Il a fait d'eux, mystiquement, comme son Corps.[2] » Comme l'a fort bien exprimé saint Cyprien de Carthage au IIIe siècle, l'Église universelle se présente donc comme « *un peuple réuni dans l'unité du Père, du Fils et du Saint-Esprit[3]* ». Sa vie vient de Dieu et est en Dieu, et c'est ainsi que le salut s'accomplit. L'homme est sauvé au sein de l'Église dans la mesure où c'est en elle qu'il est introduit dans le Mystère trinitaire de Dieu, dans le mystère de l'intimité de la vie divine.

Cette réalité est difficile à saisir si l'on s'en tient aux apparences de l'Église visible. Mais l'Église est structurée comme un être vivant. C'est exactement l'image que saint Paul a employée dans son intuition admirable du Corps du Christ qu'est l'Église[4].

« *Nous devenons ainsi les membres de ce corps[5], "étant chacun pour sa part membres les uns des autres[6]" (...) Dans le travail d'édification du Corps du Christ règne également une diversité de membres et de fonctions. Unique est l'Esprit qui distribue ses*

---

1. Cf. : Ga 6, 15 ; 2 Co 5, 17.
2. *Lumen gentium*, n° 7.
3. *De Oratione Dominica*, n° 23.
4. Cf. : Col 1, 18.
5. 1 Co 12, 27.
6. Rm 12, 5.

dons variés pour le bien de l'Église, à la mesure de
ses richesses et des exigences des services.[1] »

Ainsi, le Concile est loin de proclamer un quelconque "ecclésiocentrisme". L'enseignement conciliaire est christocentrique à tous les niveaux, et en conséquence, il est profondément enraciné dans le mystère trinitaire. Au cœur de l'Église, on trouve toujours le Christ et son sacrifice, célébré en un sens sur l'autel de toute la création, sur l'autel du monde. Le Christ « *est (...) le premier-né de toute créature*[2] ». Par sa Résurrection, Il est aussi « *le premier-né d'entre les morts*[3] ». Autour de son sacrifice rédempteur, toute la création s'unit et mûrit en Dieu sa vocation éternelle. Et si cette œuvre se réalise « *dans les douleurs de l'enfantement* », son déroulement dans l'histoire est cependant animé par l'Espérance, comme nous l'explique saint Paul dans l'Épître aux Romains[4].

Dans le Christ, l'Église est catholique, c'est-à-dire universelle. Et elle ne peut être autre. Comme le dit très bien le Concile : « *L'unique peuple de Dieu est présent à tous les peuples de la terre, empruntant à tous les peuples ses propres citoyens, citoyens d'un royaume dont le caractère n'est pas terrestre mais céleste. Tous les fidèles, en effet, dispersés à travers le monde, sont dans l'Esprit Saint en communion avec les autres, et, de la sorte "celui qui réside à Rome sait que ceux des Indes sont pour lui un*

---

1. *Lumen gentium*, n° 7.
2. Col 1, 15.
3. Col 1, 18.
4. Cf. : Rm 8, 23-24.

membre". » Dans le même document, l'un des plus importants du Concile, nous lisons encore : « *En vertu de cette catholicité, chacune des parties apporte aux autres et à l'Église tout entière le bénéfice de ses propres dons, en sorte que le tout et chacune des parties s'accroissent par des échanges mutuels et universels, ainsi que par un effort commun vers une plénitude dans l'unité.*[1] »

Dans le Christ, l'Église est communion de multiples façons. La communion qu'elle réalise entre les hommes la rend semblable à la divine communion du Père et du Fils et du Saint-Esprit dans la Trinité. Grâce à cette communion, elle est l'instrument du salut des hommes. Elle porte en elle le mystère du sacrifice rédempteur et s'y ressource constamment. Par son sang versé, Jésus-Christ « *est entré une fois pour toutes dans le sanctuaire (...). Il a obtenu ainsi une libération définitive*[2] ».

Le Christ donc est le seul et véritable "agent" du salut de l'humanité. Et l'Église l'est aussi, dans la stricte mesure où elle œuvre par le Christ et dans le Christ. Le Concile enseigne : « *Seul, en effet, le Christ est médiateur et voie de salut : or, Il nous devient présent dans son Corps, qui est l'Église ; et en nous enseignant expressément la nécessité de la foi et du baptême*[3]*, c'est la nécessité de l'Église elle-même, en laquelle les hommes entrent par la porte du baptême, qu'Il nous a confirmée en même temps.*

---

1. *Lumen gentium* n° 13.
2. He 9, 12.
3. Cf. : Mc 16, 16 ; Jn 3, 5.

C'est pourquoi ceux qui refuseraient soit d'entrer dans l'Église catholique, soit d'y persévérer, alors qu'ils la sauraient fondée de Dieu par Jésus-Christ comme nécessaire, ceux-là ne pourraient pas être sauvés.[1] »

C'est ici que le Concile développe son enseignement sur l'Église en tant qu'agent du salut dans le Christ : « *Sont pleinement incorporés à la société qu'est l'Église ceux qui, ayant l'Esprit du Christ, acceptent intégralement son organisation et tous les moyens de salut institués en elle, et qui, en outre, grâce aux liens constitués par la profession de foi, les sacrements, le gouvernement ecclésiastique et la communion, sont unis, dans l'ensemble visible de l'Église, avec le Christ qui la dirige par le Souverain Pontife et les évêques. L'incorporation à l'Église, cependant, n'assure pas le salut pour celui qui, faute de persévérer dans la charité, reste bien "de corps" au sein de l'Église, mais non "de cœur". Tous les fils de l'Église doivent d'ailleurs se souvenir que la grandeur de leur condition doit être rapportée non à leurs mérites, mais à une grâce spéciale du Christ ; s'ils n'y correspondent pas par la pensée, la parole et l'action, ce n'est pas le salut qu'elle leur vaudra, mais un plus sévère jugement.[2] »* Je pense que ces affirmations du Concile répondent sans ambiguïté à l'objection que vous formulez dans votre question. Nous avons là, en effet, la justification de la nécessité de l'Église comme voie unique du salut.

---

1. *Lumen gentium*, n° 14.
2. *Lumen gentium*, n° 14.

Le Concile dit que si les chrétiens appartiennent nécessairement à l'Église, les non-chrétiens qui croient en Dieu, de même que les hommes de bonne volonté, sont "ordonnés" au peuple de Dieu, c'est-à-dire à l'Église[1]. Pour le salut, ces deux dimensions ont leur importance, et chacune d'elles comporte des degrés différents. Les hommes sont sauvés par l'Église, dans l'Église, mais toujours grâce au Christ. L'espace du salut peut déborder le cadre des apparences formelles. D'autres lieux et modes d'"ordination" au Corps du Christ peuvent exister. Paul VI le rappelait dans sa première encyclique, *Ecclesiam suam*, en évoquant la pluralité des « *cercles du dialogue du salut*[2] ». Le Concile a défini ces "cercles" comme des espaces d'appartenance et d'"ordination" à l'Église. Voilà le véritable sens de la formule bien connue : « *Hors de l'Église, point de salut.* »

Comment peut-on ne pas reconnaître que cette affirmation est en réalité aussi ouverte qu'il est concevable ! On n'a pas le droit d'y voir la marque d'une espèce d'"exclusivisme ecclésiologique". Ceux qui s'insurgent contre ce qu'ils appellent les prétentions exorbitantes de l'Église catholique ignorent probablement ce que signifie en vérité son enseignement.

L'Église catholique se réjouit quand les autres communautés chrétiennes annoncent l'Évangile avec elle, tout en sachant que les moyens du salut lui sont confiés en plénitude. C'est dans ce contexte

---

1. *Lumen gentium*, n° 15 et 16.
2. *Ecclesiam suam*, éditions du Centurion, Paris 1964. N° 101-117.

qu'il faut comprendre le terme *subsistit* de l'enseignement conciliaire[1].

Précisément parce qu'elle est catholique, l'Église est ouverte au dialogue avec tous les autres chrétiens, avec tous les membres des religions non-chrétiennes et avec tous les hommes de bonne volonté. Jean XXIII et Paul VI l'ont inlassablement répété. Ce qu'il faut entendre par "hommes de bonne volonté" est précisé clairement et en détail dans le même texte conciliaire, *Lumen gentium*. L'Église annonce l'Évangile avec tous ceux qui confessent le Christ. Elle veut indiquer à tous la voie du salut éternel, c'est-à-dire les principes de la vie dans l'Esprit et la Vérité.

Permettez-moi de vous confier un souvenir d'enfance. Un jour, mon père m'a donné un livre de prières qui contenait en particulier une prière de l'Esprit Saint. Mon père m'a conseillé de la réciter tous les jours, et je me suis efforcé de le faire. C'est ainsi que j'ai compris, pour la première fois, le sens de la parole du Christ à la Samaritaine sur les « *vrais adorateurs de Dieu* », ceux qui l'« *adorent en esprit et en vérité*[2] ». Il y a eu, depuis cette époque, beaucoup d'étapes sur mon chemin. Par exemple, avant d'entrer au séminaire, j'ai fait la connaissance d'un laïc, du nom de Jan Tyranowski. C'était un vrai

---

1. Cf. : *Lumen gentium*, n° 8 et *Unitatis redintegratio*, n° 4.
2. Cf. : Jn 4, 21-23.
« *Jésus dit* (à la Samaritaine) : "*Femme, crois-moi : l'heure vient où vous n'irez ni sur cette montagne ni à Jérusalem pour adorer le Père. (...) Mais l'heure vient — et c'est maintenant — où les vrais adorateurs adoreront le Père en esprit et en vérité : tels sont les adorateurs que recherche le Père*". » (C.D.E.).

mystique. Cet homme, que je considère comme un saint, m'a fait connaître les grands maîtres spirituels espagnols, et en premier lieu saint Jean de la Croix. Avant d'entrer au séminaire clandestin, je lisais les œuvres de ce mystique, surtout ses poésies. J'ai même étudié le castillan pour pouvoir les lire dans l'original. Ce fut un autre moment décisif dans ma vie.

Je crois que la suggestion de mon père a joué un rôle primordial, parce qu'elle m'a orienté vers la "vraie adoration" de Dieu. J'ai trouvé là le désir et le moyen d'appartenir à ses « *vrais adorateurs* », ceux qui l'« *adorent en esprit et en vérité* ». J'ai redécouvert l'Église comme communauté du salut. Dans cette Église, j'ai trouvé ma place et ma vocation. J'ai progressivement mesuré la signification de la Rédemption accomplie par le Christ et par conséquent la signification des sacrements, en particulier la messe. J'ai peu à peu compris quel avait été le prix de notre rachat. Tout ceci m'a fait pénétrer encore plus profondément dans le mystère de l'Église : précisément parce qu'elle est un mystère, elle a une dimension invisible. Le Concile nous l'a rappelé : le mystère de l'Église est plus grand que ne le manifeste sa seule structure visible. La structure et l'organisation sont au service du mystère. En tant que Corps mystique du Christ, l'Église nous accueille tous et nous rassemble tous. Ses dimensions spirituelles et mystiques sont infiniment supérieures à ce dont peuvent rendre compte toutes les statistiques des études sociologiques.

À LA RECHERCHE DE L'UNITÉ PERDUE

L'exposé que vous venez de faire suscite immédiatement une nouvelle question. Malgré des résultats incontestables, le dialogue œcuménique — c'est-à-dire les efforts pour l'unité des chrétiens, comme le Christ lui-même en avait fait la prière à son Père — semble conduire plutôt à des désillusions. L'exemple le plus récent est celui de certaines décisions de l'Église anglicane qui élargissent le fossé, précisément là où l'on pouvait le plus espérer se rapprocher de la réunification. Sainteté, quelles sont, sur ce sujet crucial, vos impressions, vos espérances ?

Avant de parler des désillusions, il faut revenir sur l'initiative du Concile Vatican II qui a rouvert la voie de l'œcuménisme dans l'histoire de l'Église. Cette entreprise m'est particulièrement chère. J'appartiens, en effet, à une nation qui, bien qu'elle soit considérée avant tout comme catholique, demeure enracinée dans une longue tradition œcuménique.

Au cours des siècles de son histoire millénaire, l'expérience polonaise est celle d'un État qui regroupe plusieurs peuples et plusieurs confessions chrétiennes, mais aussi non chrétiennes. Grâce à cette tradition, la mentalité des Polonais a toujours été et reste empreinte de tolérance et d'ouverture envers ceux qui pensent différemment, parlent d'autres langues, croient, prient ou célèbrent autrement les mêmes mystères de la foi. L'histoire de la Pologne a elle-même connu des tentatives concrètes d'unification. L'union de Brest, en 1596, a marqué le début de l'histoire de l'Église orientale, qu'on appelle aujourd'hui l'Église catholique de rite byzantino-ukrainien, mais qui alors était avant tout l'Église des peuples russe et biélorusse.

Je tenais à donner ces précisions avant de parler des déceptions qui, récemment, ont pu sembler compromettre le dialogue œcuménique. Je pense que le fait même d'avoir rouvert avec enthousiasme et conviction la voie qui doit conduire tous les chrétiens vers l'unité garde bien plus d'importance que toutes ces déconvenues. Au terme du deuxième millénaire, les chrétiens réalisent de plus en plus clairement que les divisions entre eux vont à l'encontre de la prière du Christ au cénacle : « *Que tous, ils soient un, comme toi, Père, tu es en moi, et moi en toi. Qu'ils soient un en nous, eux aussi, pour que le monde croie que tu m'as envoyé.*[1] »

Les chrétiens de différentes confessions et appartenances ont pu constater l'efficacité et l'actualité de ce vœu du Christ, particulièrement à travers l'actualité missionnaire, qui s'est intensifiée considérablement ces derniers temps, aussi bien de la part de l'Église catholique, comme je l'ai souligné auparavant, que des différentes Églises et communautés protestantes. Les peuples, auxquels s'adressent les missionnaires lorsqu'ils annoncent le Christ et son Évangile, ou lorsqu'ils prêchent les idéaux de fraternité et d'unité, les interrogent immanquablement sur leurs divisions : laquelle de ces Églises ou de ces communautés est celle que le Christ a fondée ? En effet, Jésus n'a fondé qu'une seule Église et elle seule peut parler en son nom. Ainsi les expériences faites dans le cadre du renouveau de l'œuvre missionnaire sont, d'une certaine manière, à la source de

---

1. Jn 17, 21.

ce qu'est devenu, dans son acception actuelle, le mouvement œcuménique.

Le Pape Jean XXIII, lui qui, inspiré par Dieu, a réuni le Concile, avait coutume de dire que ce qui divise tous les fidèles du Christ a bien moins de poids que ce qui les unit. Cette affirmation résume bien l'essence de l'entreprise œcuménique. Vatican II est allé dans la même direction, comme le montre la Constitution sur l'Église que j'ai déjà citée. Il faut y ajouter le Décret sur l'œcuménisme, *Unitatis redintegratio*, et la Déclaration sur la liberté religieuse, *Dignitatis humanae*, qui apporte un éclairage capital sur les perspectives de l'œcuménisme.

Ce qui nous unit est plus grand que ce qui nous divise : les documents conciliaires développent concrètement cette intuition fondamentale de Jean XXIII. Tous, en effet, nous croyons au même Christ, et cette foi est essentiellement l'héritage de l'enseignement des sept premiers Conciles œcuméniques, tenus avant l'an mille. Il existe donc des bases pour dialoguer, pour élargir l'espace de l'unité, et les échanges doivent aller de pair avec le souci de dépasser les divisions, dont la cause principale est la conviction d'être seul à détenir la vérité.

Les divisions sont certainement contraires à tout ce que le Christ avait établi. Il est impossible d'imaginer que cette Église, fondée par le Christ en s'appuyant sur les apôtres et sur Pierre, ne soit pas une. Il est cependant possible de concevoir qu'au fil des siècles, compte tenu des évolutions politiques et culturelles, les croyants se soient mis à interpréter différemment le message unique du Christ.

Toutefois, ces diverses manières de comprendre et de pratiquer la foi dans le Christ peuvent aussi, dans certains cas, être complémentaires ; il n'est pas dit qu'elles doivent nécessairement s'exclure. Avec un peu de bonne volonté, on constate à quel point certaines interprétations de la même foi et certaines pratiques différentes se répondent plutôt qu'elles ne s'opposent entre elles. Il faut également définir où commence la division réelle sur la foi, la frontière au-delà de laquelle la foi est compromise. Il semble, à cet égard, que les divergences entre les Églises catholique et orthodoxe ne soient pas très profondes. En revanche, en ce qui concerne les Églises et les communautés issues de la Réforme, il faut reconnaître qu'elles sont beaucoup plus marquées, parce que certaines bases fondamentales établies par le Christ semblent bien avoir été abandonnées.

En même temps, force est de constater que les obstacles psychologiques et historiques sont parfois plus importants face aux Églises orthodoxes que dans les relations avec certaines communautés issues de la Réforme. Voilà pourquoi les contacts personnels sont primordiaux. Je m'en aperçois chaque fois que je rencontre les représentants de ces Églises, que ce soit à Rome ou à l'occasion des voyages que j'effectue dans les différentes parties du monde. Le seul fait que nous puissions nous réunir pour prier ensemble constitue déjà un progrès très appréciable : c'était impensable il y a quelques dizaines d'années.

À ce propos, il convient de mentionner certaines visites que j'ai effectuées et qui ont revêtu une importance particulière du point de vue œcuménique, comme en Grande-Bretagne ou dans les pays scandinaves par exemple. En général, les résistances subjectives sont plus importantes là où la division a pris naissance : ainsi, dans le cas du protestantisme, les réticences sont plus perceptibles en Allemagne et en Suisse que, par exemple, en Amérique du Nord ou en Afrique. Je n'oublierai jamais ce qu'ont reconnu les représentants des communautés protestantes du Cameroun lors d'une rencontre œcuménique là-bas : « Nous savons que nous sommes divisés, mais nous ne savons pas pourquoi. »

En Europe, le problème se présente d'une façon tout à fait différente. Malgré tout, on peut citer de nombreux faits qui démontrent à quel point le désir et la recherche d'unité ne cessent de s'intensifier parmi les chrétiens.

Il reste évident que les désillusions dont vous parlez ne pouvaient pas ne pas être ressenties par les personnes ou les communautés qui pensaient pouvoir relever, de façon simpliste et superficielle, le défi de l'unité des chrétiens. Portés par leur enthousiasme et leur optimisme, beaucoup voulaient croire que le Concile avait déjà réglé ce problème sur le fond. Mais le Concile n'a fait qu'ouvrir la voie vers l'unité. Il l'a ouverte avant tout du côté de l'Église catholique, et parcourir le chemin ainsi tracé suppose de progresser patiemment au milieu des obstacles non seulement doctrinaux, mais également culturels et sociaux, qui se sont accumulés au cours des siècles. C'est pourquoi il faut d'abord chercher à se libérer des stéréotypes, de la routine. Mais il faut surtout faire ressortir l'unité qui existe déjà *de facto*.

Sur cette route, de nombreux progrès ont été accomplis. À plusieurs niveaux, le dialogue œcuménique est pleinement engagé et aboutit déjà à des résultats tangibles. De nombreuses commissions de théologiens travaillent simultanément. Quiconque participe à cette progression ou la suit admet comme une évidence que l'Esprit Saint est là à l'œuvre. Personne cependant ne s'imagine que le chemin vers l'unité sera court et facile. Il faut par-dessus tout prier beaucoup, entreprendre de se convertir soi-même, apprendre à louer et implorer Dieu en commun, et aussi œuvrer ensemble pour la justice et la paix, pour une organisation plus chrétienne de l'ordre du monde et pour que tous les fidèles du Christ remplissent la mission à laquelle ils ont été appelés dans le monde.

Notre siècle, en particulier, a été marqué par des événements qui vont directement à l'encontre de la vérité de l'Évangile. Je pense ici aux deux guerres mondiales, aux camps de concentration et d'extermination... Paradoxalement, il est possible que ces horreurs aient contribué à une prise de conscience de l'urgence œcuménique parmi les chrétiens divisés. L'extermination des juifs a pu jouer un rôle particulier, et conduire l'Église et le christianisme à repenser le lien entre l'Ancienne et la Nouvelle Alliance. Du côté catholique, le Concile Vatican II s'est exprimé sur ce sujet dans la déclaration *Nostra Aetate* ; il a contribué à faire mûrir la conscience du fait que les fils d'Israël sont « *nos frères aînés* », grâce au dialogue, notamment dans le cadre œcuménique. Dans l'Église catholique, l'animateur de ce dialogue avec les juifs est le Conseil pour la Promotion de l'Unité des Chrétiens, qui a en même temps pour mission de promouvoir le dialogue entre les différentes communautés chrétiennes.

Si l'on prend tous ces faits en considération, il est difficile de ne pas reconnaître que l'Église catholique s'est engagée avec conviction dans l'action œcuménique, que la complexité du problème a été pleinement prise en compte, et que rien n'a été entrepris sans tout le sérieux désirable. Bien entendu, l'unité réelle ne sera pas et ne peut pas être le fruit des seuls efforts humains. Le véritable artisan ne pourra en être que l'Esprit Saint, qui seul saura discerner le moment où les mentalités humaines auront suffisamment évolué pour que la marche vers l'unité arrive à son terme.

Quand cela arrivera-t-il ? Il est difficile de le prévoir. En tout cas, à l'approche du troisième millénaire, les chrétiens constatent que le premier millénaire a été celui de l'Église unie, que le deuxième a connu, aussi bien en Orient qu'en Occident, de profondes ruptures qu'il est aujourd'hui urgent de dépasser.

Il faut du moins que l'an deux mille nous trouve moins divisés, plus disposés à emprunter la voie de l'unité pour laquelle le Christ priait la veille de sa Passion. L'enjeu de cette unité est énorme. Il s'agit, d'une certaine manière, de l'avenir du monde, de l'avenir du Royaume de Dieu dans le monde. Les faiblesses et les obstacles humains ne peuvent empêcher la réalisation du dessein de Dieu pour le monde et pour l'humanité. Si nous nous rappelons tout cela, alors nous pouvons regarder l'avenir avec un certain optimisme. Nous pouvons être persuadés que « *Celui qui a commencé en nous cette œuvre excellente en poursuivra lui-même l'accomplissement jusqu'au bout*[1] ».

---

1. Ph 1, 6.

POURQUOI LES CHRÉTIENS
SONT-ILS DIVISÉS ?

Les desseins de Dieu sont souvent insondables, et c'est seulement dans l'au-delà qu'il nous sera donné de "voir" et donc de comprendre. Mais peut-être est-il, dès aujourd'hui, possible d'esquisser une réponse à la question que tant de fidèles se posent depuis des siècles ? Pourquoi l'Esprit Saint a-t-il permis tant de divisions profondes et d'hostilité entre ceux qui affirment croire au même Évangile, en disciples du même Christ ?

EFFECTIVEMENT, nous ne pouvons que nous interroger : pourquoi l'Esprit Saint a-t-il permis toutes ces divisions ? En général, leurs causes et les avatars historiques qui y ont conduit sont connus. On peut cependant se demander si les apparences ne cachent pas une explication située au-delà de l'histoire humaine.

À cette question nous pouvons proposer deux réponses. La première, plus négative, reconnaît dans les divisions le fruit amer des péchés des chrétiens. L'autre, plus positive, est inspirée par la confiance en Celui qui, du mal, des faiblesses humaines, peut tirer un bien : les divisions ne vont-elles finalement pas permettre à l'Église de découvrir la multiplicité des richesses contenues dans l'Évangile et dans la Rédemption du Christ ? Peut-être ces richesses n'auraient-elles pas pu être découvertes autrement...

Dans une perspective plus générale, il est sûr que l'homme a besoin d'une certaine dialectique pour développer ses capacités de connaissance et d'action. L'Esprit Saint, dans sa bienveillance divine,

n'a-t-il pas tenu compte de cette réalité humaine ?
Ne faut-il pas que le genre humain parvienne à
l'unité par la pluralité, qu'il apprenne à être une
seule Église dans le pluralisme des formes de pensée
et d'action, de culture et de civilisation ? Une telle
interprétation ne correspond-elle pas, au moins en
partie, à la Sagesse, à la bonté et à la Providence
dont Dieu a toujours fait preuve à l'égard de ses
créatures ?

Mais ces considérations ne peuvent justifier des
divisions qui vont en s'accentuant ! Il faut qu'à un
moment donné se manifeste l'amour qui unit. De
nombreux faits peuvent donner à penser que nous
arrivons précisément à un tel moment. Voilà pourquoi l'œcuménisme revêt une telle importance pour
le christianisme. Il est notre réponse à l'appel
contenu dans la première Épître de saint Pierre, qui
nous demande de « *rendre raison de l'espérance qui
est en nous*[1] ».

Le respect mutuel est la condition préalable à un
authentique œcuménisme. J'ai rappelé tout à l'heure
mon expérience personnelle à cet égard, liée à
l'histoire de mon pays natal, en soulignant que les
événements historiques y ont formé une société
caractérisée par une grande tolérance, où cohabitent
plusieurs confessions et plusieurs peuples. Alors
qu'en Europe occidentale on jugeait et on brûlait les
hérétiques, le dernier roi polonais de la dynastie
des Jagellon donnait la preuve de cette tolérance

---

1. 1 P 3, 15.

en déclarant : « *Je ne suis pas le roi de vos consciences* ».

Rappelons-nous, par ailleurs, que le Seigneur Jésus a chargé Pierre d'une mission pastorale, lui demandant de veiller à l'unité du "troupeau". Le ministère du successeur de Pierre comprend donc également le service de l'unité, et cette responsabilité s'exerce jusque dans la dimension œcuménique. La tâche du Pape est de chercher inlassablement les voies qui permettent d'affirmer l'unité. Il ne doit donc pas créer des obstacles, mais au contraire ouvrir des voies. Il n'y a là aucune contradiction avec la mission que Jésus a confiée à Pierre en lui disant : « *Affermis tes frères.*[1] » Il est d'ailleurs significatif que le Christ ait prononcé ces paroles peu de temps avant que Pierre ne Le renie. Comme si le Seigneur Lui-même avait voulu lui dire : "Souviens-toi que toi aussi tu es faible, que toi aussi tu as constamment besoin de te convertir. Tu ne peux affirmer les autres que si tu as conscience de ta propre faiblesse. Je te donne comme mission de témoigner de la vérité, la merveilleuse vérité de Dieu, révélée pour sauver l'homme, mais cette vérité ne peut être prêchée et atteinte autrement que par l'amour." Il faut toujours « *veritatem facere in caritate* (faire la vérité dans la charité)[2] ».

---

1. Lc 22, 32.
2. Cf. : Ep 4, 15.

LE CONCILE : LE COMMENCEMENT
DE LA FIN DE L'ÉGLISE ?

Permettez-moi de continuer — en provocateur respectueux — à me faire le porte-parole de ceux qui veulent refuser à la fois l'optimisme et le pessimisme, en prenant le parti du réalisme pur et dur. Comme vous le savez, il a toujours existé et il existe encore des opinions selon lesquelles — si l'on fait le bilan des décennies post-conciliaires — les portes largement ouvertes par le Concile Vatican II ont plus contribué à éloigner de l'Église ceux qui étaient "dedans" qu'à en rapprocher ceux qui restaient "dehors". Certains n'hésitent pas aujourd'hui à sonner le tocsin, en constatant que dans l'Église la cohésion et la discipline dans la foi ont perdu de leur force et sont menacées par des tendances centrifuges ou par des opinions théologiques qui défient l'enseignement du Magistère.

Permettez-moi de récuser ce type d'interprétation. Tout ce que j'ai déjà tenté de démontrer ne peut qu'infirmer l'opinion que vous évoquez. La façon dont, pour ma part, je vois la situation est fondée avant tout sur la foi dans l'Esprit Saint qui guide l'Église, mais cette vision est confortée par une observation attentive de la réalité. Le Concile Vatican II est un grand bienfait pour l'Église. Il a été un bienfait pour tous ceux qui y ont participé, pour toute la famille humaine et pour chacun de nous.

Certes, il est difficile de tenir des propos nouveaux sur le Concile. Cependant, il est toujours nécessaire d'y revenir, parce que ce Concile est devenu une référence et même un défi, pour l'Église comme pour le monde. Le Concile doit être correctement interprété et préservé des récupérations tendancieuses. De tels détournements existent, et ils ne sont pas apparus seulement après le Concile. D'une certaine façon, le Concile a trouvé, dans le monde et même au sein de l'Église, ces analyses partiales où s'exprimaient déjà les *a priori* qui se sont par la suite révélés favorables ou opposés à sa compréhension, à son acceptation et à son application.

J'ai eu la chance singulière de participer au Concile du premier au dernier jour. Cela n'est pas toujours allé de soi car les autorités communistes de mon pays m'accordaient comme un privilège, soumis à l'arbitraire de leur bon vouloir, le droit de me rendre à Rome. Si donc, dans ces conditions, il m'a été donné de participer au Concile dans sa totalité, on peut y discerner à juste titre une grâce particulière de Dieu.

Sur la base de cette expérience, j'ai écrit un livre intitulé : *Aux fondements du renouveau*[1]. Dès les premières lignes, j'expliquais que je voulais par là m'acquitter de la dette que chaque évêque avait contractée envers l'Esprit Saint en participant au Concile. Oui, il y a eu dans l'événement de Vatican II quelque chose d'une Pentecôte : le Concile a tracé pour les évêques du monde entier, et donc pour l'Église, la route qu'il fallait absolument emprunter à la fin du deuxième millénaire. Paul VI décrit ces chemins dans son encyclique *Ecclesiam suam*[2].

J'ai commencé à participer au Concile alors que je n'étais qu'un jeune évêque. Je me rappelle que ma place était située près de l'entrée de la basilique Saint-Pierre. À partir de la troisième session, lorsque j'ai été nommé archevêque de Cracovie, je me suis un peu rapproché de l'autel...

---

1. Traduction française, éditions du Centurion, Paris, 1981.
2. *Ecclesiam suam*, n° 60 et suivants.

Le Concile a été une occasion d'écouter les autres, mais aussi de faire preuve de créativité. Les évêques plus âgés et plus expérimentés jouaient logiquement un plus grand rôle dans l'élaboration de la pensée conciliaire. Comme je n'avais guère d'expérience, je suivais et j'apprenais, mais petit à petit je suis parvenu à participer davantage et même à contribuer à la réflexion conciliaire. Ainsi, dès la troisième session, je me suis retrouvé dans le groupe qui préparait ce qu'on appelait alors le schéma XIII et qui est devenu plus tard la Constitution pastorale *Gaudium et spes*. Ainsi m'a-t-il été donné de collaborer à un travail passionnant au sein de cette commission. Elle réunissait des représentants de commissions théologiques et des spécialistes de l'apostolat des laïcs. La session d'Ariccia, près de Rome, en janvier 1965, restera pour moi un souvenir inoubliable. J'ai encore une dette personnelle de gratitude envers le cardinal Gabriel-Marie Garrone[1], pour l'aide décisive qu'il a apportée lors de l'élaboration du nouveau document. Je voudrais dire la même chose d'autres évêques et aussi de théologiens que j'ai eu la chance de côtoyer à la même table de travail. Je dois en particulier beaucoup aux pères Yves Congar[2] et Henri de Lubac[3]. Je me rappelle, encore aujourd'hui, en quels

1. Ancien archevêque de Toulouse, il a pris une part importante au Concile, notamment pour la rédaction de la Constitution *Gaudium et spes*. Il a ensuite occupé la fonction de préfet de la Congrégation de l'Éducation Catholique. (N.D.E.).
2. Dominicain français né à Sedan en 1904. Désigné comme expert au Concile, ce théologien renommé y joue un rôle important. (N.D.E.).
3. Jésuite français né à Cambrai en 1896, mort en 1991. En 1941, il lance avec le père Daniélou la grande collection *Sources chrétiennes* qui édite les

termes ce dernier m'a encouragé à persévérer dans la voie que j'avais tenté de définir au cours de la discussion préparatoire. Le travail s'est ensuite poursuivi au Vatican. Je n'ai jamais, depuis cette époque, cessé d'entretenir avec le père de Lubac des liens privilégiés d'étroite amitié.

Le Concile a été un grand moment pour l'Église. Ce fut comme on l'a dit alors "le séminaire du Saint-Esprit". Au Concile, l'Esprit Saint a parlé à toute l'Église, dans son universalité, grâce au concours des évêques venus du monde entier. Cette universalité a été de plus renforcée par la participation de nombreux représentants des Églises et communautés non catholiques. L'intervention de l'Esprit Saint conduit toujours à une découverte plus profonde du Mystère éternel, en même temps qu'elle montre la route à suivre à ceux qui ont reçu la mission d'actualiser ce mystère dans le monde contemporain. Que tous ces hommes aient été rassemblés par l'Esprit Saint, que pendant le Concile ils aient formé une seule communauté où l'on s'écoute, où l'on prie, on pense et on crée ensemble, sont autant d'événements qui revêtent une importance fondamentale pour l'évangélisation. La "nouvelle évangélisation" a sa source dans Vatican II. Le Concile marque indiscutablement le début d'une ère nouvelle dans l'histoire de l'humanité, et aussi dans l'histoire de l'Église.

---

textes des Pères de l'Église. Plus tard, il sera choisi par Jean XXIII pour la préparation du Concile dont il deviendra expert. Son influence sur les travaux du Concile a été considérable. En 1983, Jean-Paul II le nomma cardinal. (N.D.E.).

QUE RESTERA-T-IL DE CE CONCILE ?

Saint-Père, vous n'avez donc aucun doute : à ce point de l'histoire de l'Église et du monde, il fallait un nouveau concile œcuménique, mais dans un style et avec des contenus différents des vingt précédents, depuis le Concile de Nicée, en 325, jusqu'à celui de Vatican I en 1869.

Nous n'avions pas besoin de Vatican II pour nous opposer à une hérésie particulière, comme ce fut maintes fois nécessaire au cours du premier millénaire, mais plutôt pour enclencher un processus bipolaire : d'une part dégager le christianisme des divisions accumulées pendant le millénaire qui touchait à sa fin, et d'autre part relancer, dans l'unité la plus large possible, la mission évangélique de l'Église au seuil du troisième millénaire.

Voilà pourquoi, comme vous l'avez justement relevé, Vatican II se différencie des conciles précédents. Il n'a pas voulu adopter un style défensif. Pas une seule fois dans les documents du Concile n'apparaît la formule de condamnation : « *Anathema sit...*[1] » C'est un style œcuménique, une ouverture sans remords au dialogue qui doit être, selon Paul VI, un « *dialogue du salut* ». Un tel dialogue ne

---

1. « Qu'il soit anathème ». Expression utilisée pour la première fois par saint Paul (1 Co 16, 22) pour rejeter les grands pécheurs de la communauté chrétienne. Jusqu'au Moyen Âge, l'anathème est synonyme d'excommunication majeure. Par la suite, il servira à désigner les propagandistes de doctrines contraires à la foi. (N.D.E.).

doit pas se limiter aux autres confessions chrétiennes, mais s'ouvrir également aux religions non
chrétiennes, au monde de la culture et de la civilisation, ainsi qu'au monde des incroyants. La vérité, en
effet, n'accepte pas d'être arrêtée par une quelconque frontière. Elle est destinée à tous et à chacun.
Et quand cette vérité est faite dans la charité[1], elle
trouve une pertinence universelle. Voilà justement
l'originalité du dernier Concile et l'esprit dans
lequel il s'est déroulé.

La vérité essentielle sur le Concile demeurera
cette originalité, cet esprit, et non pas les contro-
verses entre "progressistes" et "conservateurs", ni
les polémiques politiques et profanes dans lesquelles
on a pu tenter ou être tenté d'enfermer l'événement
conciliaire. C'est la raison pour laquelle le Concile
Vatican II restera pour longtemps une référence
pour toutes les Églises et pour chacun un programme d'action.

Durant les décennies qui se sont écoulées depuis
la clôture de Vatican II, cette référence et ce
programme d'action ont été reçus dans divers
domaines. Je pense d'abord aux synodes post-
conciliaires, aussi bien les synodes généraux
d'évêques[2] du monde entier, convoqués par le Pape,
qu'aux synodes des diocèses ou des provinces ecclé-
siastiques. Je sais par expérience à quel point cette

---

1. Cf. : Ep 4, 15.
2. Assemblée, réunissant des représentants des évêques du monde entier,
assurant un rôle de conseil auprès du Pape. Les synodes des évêques sont
une expression de la collégialité dans l'Église. (N.D.E.).

démarche synodale répond aux attentes des différentes communautés et quels fruits elle donne. Les
synodes, surtout diocésains[1], ont presque spontanément mis un terme à l'identification exclusive de
l'Église avec le clergé. Ils sont devenus pour chacun
un moyen d'assurer sa part de la vie de l'Église.
Cette intuition que l'Église est confiée à la responsabilité de tous et de chacun est aujourd'hui partagée
de façon particulièrement nette par les laïcs. Il y a
certainement là une source de renouveau. On voit
ainsi se modeler le visage qu'aura l'Église dans les
générations à venir, pour le troisième millénaire.

Pour le vingtième anniversaire de la clôture du
Concile, un Synode extraordinaire des Évêques a été
réuni en 1985. Je le souligne parce que ce Synode a
été à l'origine du *Catéchisme de l'Église catholique*[2]. Certains théologiens, et parfois des communautés entières, défendaient la thèse selon laquelle
un catéchisme était inutile, parce que c'était un
moyen démodé de transmettre la foi. On avait aussi
entendu dire que l'élaboration d'un catéchisme de
l'Église universelle était irréalisable. On avait déjà
prétendu que la publication du nouveau *Code de
Droit canonique*, mis en chantier pour répondre à un
vœu de Jean XXIII, était inutile et pastoralement
sans intérêt. Pourtant, au Synode, les évêques n'ont
pas suivi ces opinions pessimistes. Au contraire, le

---

1. Assemblée des délégués des prêtres, des religieux et des laïcs d'un dio-
cèse, présidée par l'évêque. (N.D.E.).
2. Publié en France par les éditions Mame/Plon.

Code était une initiative opportune, ont-ils déclaré, parce qu'il répondait aux besoins de l'Église.

Le *Catéchisme* était également indispensable, pour permettre à toute la richesse de l'enseignement de l'Église après le Concile d'être exposée dans une nouvelle synthèse, et même d'être présentée dans une perspective nouvelle. Il aurait été impossible d'y parvenir sans un *Catéchisme de l'Église universelle*. Ensuite, chaque communauté devait créer, en se fondant sur ce texte magistral de référence, son propre catéchisme selon les besoins locaux. Le travail a été mené à bien en un temps relativement court. Toute l'Église y a participé, grâce en particulier aux efforts inlassables du cardinal Joseph Ratzinger, préfet de la Congrégation pour la Doctrine de la Foi. Le *Catéchisme*, publié en 1992, est devenu un *best-seller* dans le monde entier. Ce succès prouve l'importance de la demande de ce genre d'ouvrage qui, à première vue, pourrait paraître impopulaire.

L'intérêt pour le *Catéchisme* ne faiblit pas. Nous sommes confrontés à une "nouvelle donne". Le monde, fatigué des idéologies, s'ouvre à la vérité. Le temps est venu pour la splendeur de cette vérité (*Veritatis splendor*) de commencer à illuminer à nouveau les ténèbres de l'existence humaine. Même s'il convient de rester prudent, en considérant tout ce qui a déjà été accompli et tout ce qui continue à être fait, force est de reconnaître que le Concile ne restera pas lettre morte.

L'Esprit qui a inspiré Vatican II n'a pas parlé en vain. L'expérience de ces dernières années nous permet d'entrevoir de nouvelles perspectives d'ouverture à la vérité de Dieu, vérité que l'Église doit prêcher « *à temps et à contretemps*[1] ». Chaque serviteur de l'Évangile peut remercier le Saint-Esprit de lui avoir fait don du Concile et devrait ne jamais oublier tout ce qu'il lui doit. Bien des années et même des générations passeront avant que la dette soit éteinte.

---

1. 2 Tm 4, 2.

RÉGRESSION OU RENOUVEAU ?

Je me permets de relever que vos propos constituent un démenti de plus infligé à tous ceux qui, dans leur myopie ou leur partialité, vous soupçonnaient de nourrir des projets de "restauration" ou de "réaction" contre les nouveautés introduites par le Concile.

Comme vous le savez, rares sont ceux qui doutent de l'opportunité du renouveau opéré au sein de l'Église. Ce que certains mettent en doute, ce n'est pas tant le Concile Vatican II lui-même que certaines de ses interprétations, considérées comme contraires à l'esprit des Pères du Concile.

Permettez-moi de revenir sur l'une de vos questions. Comme les autres, elle était intentionnellement provocatrice : le Concile a-t-il vraiment ouvert tout grand les portes pour faire entrer dans l'Église les hommes d'aujourd'hui, ou bien a-t-il plutôt provoqué la fuite de personnes, de groupes et de sociétés ?

Ce que vous avez dit correspond, jusqu'à un certain point, à la réalité, surtout si l'on regarde l'Église en Europe occidentale, et même si aujourd'hui les symptômes d'un renouveau religieux deviennent de plus en plus perceptibles dans ces pays. Cependant, la situation de l'Église doit être évaluée dans sa globalité. Il faut prendre en considération tout ce qui se passe aujourd'hui en Europe centrale et orientale, et au-delà, en Amérique du Nord et du Sud, dans les pays de mission, surtout sur le continent africain, dans les grands espaces de l'océan Indien et du Pacifique, et même, dans une certaine mesure, dans les diverses régions de l'Asie, y compris la Chine. Dans nombre de ces pays, les martyrs ont posé les premières pierres pour construire l'Église et, sur ces fondations, avec un dynamisme grandissant, grandissent des Églises certes toujours minoritaires, mais déjà pleines de vie.

À partir du Concile, nous avons assisté à un renouveau avant tout qualitatif. Même si les prêtres continuent de manquer, même s'il y a encore trop peu de nouvelles vocations, les mouvements d'inspiration religieuse se développent. Ils renaissent dans un contexte un peu différent de celui des anciennes organisations catholiques, dont les préoccupations étaient plutôt sociales. Inspirées par l'enseignement social de l'Église, ces organisations étaient orientées vers la transformation de la société, vers la justice sociale. Certaines d'entre elles se sont engagées dans un dialogue si suivi avec le marxisme qu'elles ont, en partie, perdu leur identité catholique. En revanche, les nouveaux mouvements sont orientés vers le renouveau de la personne humaine. L'homme est l'acteur principal de toutes les transformations sociales et historiques, mais pour œuvrer dans ce sens, il doit se renouveler lui-même dans le Christ et dans l'Esprit Saint. Cette réorientation est très prometteuse pour l'avenir de l'Église.

Dans le passé, le renouveau de l'Église a beaucoup reposé sur les ordres religieux. Ce fut le cas à l'époque du déclin de l'Empire romain avec les bénédictins, au Moyen Âge avec les ordres mendiants (franciscains et dominicains), après la Réforme avec les jésuites et les initiatives comparables ; au XVIIIe siècle, avec les rédemptoristes et les passionistes ; et enfin au XIXe siècle, avec des congrégations missionnaires dynamiques comme les verbistes, les salvatoriens et, naturellement, les salésiens, etc.

Au cours de notre siècle, outre les ordres et congrégations nouvellement fondés et l'épanouissement extraordinaire des instituts séculiers, des mouvements d'un genre inédit sont donc apparus dans la période conciliaire et post-conciliaire. Ces mouvements rassemblent certes des personnes consacrées, mais surtout des laïcs mariés et insérés dans la vie professionnelle. L'idéal de rénovation du monde dans le Christ découle en droite ligne de l'engagement fondamental du baptême.

Aujourd'hui il serait injuste de ne parler que de régression. On voit apparaître de nouvelles pousses, et surtout une transformation radicale du modèle de base. Je pense à l'Europe et à l'Amérique, surtout à l'Amérique du Nord et, d'une manière différente, à celle du Sud. Les références traditionnelles étaient dans une certaine mesure quantitatives. Elles font place aujourd'hui à de nouveaux repères, plus qualitatifs. On peut discerner là un des fruits du Concile.

Vatican II s'est produit précisément au moment où l'ancien modèle commençait à céder la place au nouveau. On peut donc affirmer que le Concile a eu lieu en temps opportun et a assumé une tâche qui répondait à un besoin ressenti non seulement par l'Église, mais par le monde entier.

Si l'Église post-conciliaire rencontre des difficultés dans le domaine de la doctrine ou de la discipline, ces difficultés sont rarement graves au point de faire craindre de nouvelles divisions. L'Église du Concile Vatican II, l'Église de l'étroite collégialité de l'épiscopat mondial, sert réellement notre monde à des niveaux très divers : en tant que véritable Corps du Christ elle accomplit sa mission rédemptrice et défend la justice et la paix. Dans un monde divisé, l'unité supranationale de l'Église catholique demeure une force solide. Ses ennemis l'ont bien compris en leur temps. Les différentes instances politiques et les organisations mondiales continuent aujourd'hui de la prendre en compte. Certes, l'Église représente une force qui, pour certains, est incommode. Dans nombre de domaines, l'Église répète le *non possumus*[1] des apôtres[2]. Mais elle reste ainsi fidèle à elle-même. Elle resplendit de cette « Splendeur de la Vérité »[3] dont l'Esprit Saint inonde le visage de son Épouse.

---

1. « Nous ne pouvons pas accepter ». Cette expression exprime ici un refus catégorique (N.D.E.).
2. Cf. : Ac 4, 20.
3. Titre de la lettre encyclique du Pape Jean-Paul II parue en 1993 (aux éditions Mame/Plon).

L'ÉGLISE N'EST-ELLE PAS DÉPASSÉE PAR L'ÉVOLUTION DES MŒURS ?

Votre allusion à l'intransigeance de Pierre et de Jean dans les Actes des Apôtres lorsqu'ils déclarent : « Quant à nous, il nous est impossible de ne pas dire ce que nous avons vu et entendu[1] » *nous rappelle que, malgré le désir de dialogue exprimé par l'Église, les paroles du Pape ne sont pas toujours bien accueillies et ne font pas l'unanimité. Si l'on se fie au miroir, peut-être déformant, du réseau médiatique international, on constate qu'il n'est pas rare que vos prises de position soient nettement (voire violemment) contestées, alors que l'Église ne fait là que confirmer son enseignement, surtout dans le domaine de la morale.*

---

1. Ac 4, 20.

Vous abordez ici le problème de l'accueil réservé à l'enseignement de l'Église dans le monde d'aujourd'hui, surtout dans le domaine de l'éthique et de la morale. Quelqu'un a écrit qu'en matière de morale, et surtout d'éthique sexuelle, l'Église et le Pape s'opposent à la tendance qui prévaut dans le monde contemporain, c'est-à-dire à la libéralisation des mœurs. Et puisque le monde court dans cette direction, on a l'impression que l'Église recule ou plutôt, que le monde s'éloigne. Ainsi, le monde d'aujourd'hui s'éloigne du Pape et de l'Église.

C'est une opinion très largement répandue. Je suis persuadé qu'elle est totalement injuste. L'encyclique *Veritatis splendor* le montre précisément même si l'objet de l'exposé ne concerne pas directement l'éthique sexuelle, mais la menace que le relativisme moral fait peser sur la civilisation occidentale. Paul VI déjà s'en était rendu compte et il avait conscience que son devoir était de lutter contre ce relativisme pour le bien essentiel de l'homme. Dans son encyclique *Humanae vitae*, il a

répondu à l'appel de l'apôtre Paul, qui écrivait à
son disciple Timothée : « *Proclame la Parole,
interviens à temps et à contretemps. (...) Un temps
viendra où l'on ne supportera plus l'enseignement
solide.*[1] » L'apôtre n'avait-il pas là parfaitement
décrit par avance la situation contemporaine ?

Les *media* ont habitué les différents groupes
sociaux à n'entendre que ce qui « *caresse les
oreilles*[2] ». La situation ne fera qu'empirer si les
théologiens, et surtout les moralistes, au lieu de se
faire les témoins de "l'enseignement solide", se
font les complices des *media* lesquels, bien
entendu, donnent alors une large diffusion à leurs
doctrines nouvelles. Lorsque la vraie doctrine est
impopulaire, il n'est pas permis de rechercher la
popularité au prix d'accommodements faciles.
L'Église doit faire face en répondant sans se déro-
ber à la question : « *Que dois-je faire de bon pour
avoir la vie éternelle ?*[3] » Le Christ nous en a
averti : le chemin qui mène au salut est étroit et
escarpé, ce n'est pas la voie large et glissante de la
facilité[4]. Nous n'avons pas le droit d'abandonner
"l'enseignement solide" ni de le modifier. Le
transmettre dans son intégralité est le rôle du

---

1. 2 Tm 4, 2-3.
2. Cf. : 2 Tm 4, 3.
3. Mt 19, 16.
4. Cf. : Mt 7, 13-14. « *Jésus disait : "Entrez par la porte étroite. Elle est
grande, la porte, il est large le chemin qui conduit à la perdition ; et ils
sont nombreux, ceux qui s'y engagent. Mais elle est étroite, la porte, il
est resserré, le chemin qui conduit à la vie ; et ils sont peu nombreux,
ceux qui le trouvent".* » (C.D.E.).

Magistère[1] de l'Église. C'est aussi le devoir des théologiens — surtout des moralistes — qui ont une responsabilité particulière, comme collaborateurs de l'Église enseignante.

Bien entendu, gardent toute leur valeur les paroles adressées par Jésus aux légistes qui placent sur les épaules des hommes de lourds fardeaux, alors qu'eux-mêmes refusent de les porter[2]. Mais il faut tout de même savoir quel est le fardeau le plus lourd : la vérité, même si ses exigences paraissent difficiles à porter, ou l'apparence de la vérité qui donne l'illusion de la rectitude morale. L'encyclique *Veritatis splendor* nous conduit à affronter ce dilemme fondamental que les consciences commencent à mieux discerner aujourd'hui qu'en 1968, lorsque Paul VI a publié l'encyclique *Humanae vitae*.

Est-il vrai que l'Église reste immobile alors que le monde s'éloigne d'elle ? Peut-on affirmer que la course du monde vers une liberté de mœurs toujours accrue est irréversible ? Ces croyances ne masquent-elles pas, justement, la conception relativiste de l'existence si néfaste pour l'homme ? Ne nous y trompons pas, ce qui est en jeu pour l'avortement comme pour la contraception, c'est en définitive la vérité sur l'homme. Or, l'éloignement de

---

1. La mission d'enseignement du pape et des évêques telle qu'elle a été confiée par le Christ aux apôtres. (N.D.E.).
2. Cf. : Lc 11, 46. « *Jésus reprit : "Vous aussi, les docteurs de la Loi, malheureux êtes-vous, parce que vous chargez les gens de fardeaux impossibles à porter, et vous-mêmes, vous ne touchez même pas ces fardeaux d'un seul doigt".* » (C.D.E.).

cette vérité ne constituera jamais un progrès. Il est impossible de voir dans la libéralisation des mœurs les caractéristiques du "progrès éthique". Face à de telles tendances, tous les pasteurs de l'Église, et en particulier le pape, doivent être particulièrement attentifs, pour ne pas ignorer la ferme injonction de saint Paul dans sa Deuxième épître à Timothée : « *Mais toi, en toute chose garde ton bon sens, supporte la souffrance, travaille à l'annonce de l'Évangile, accomplis jusqu'au bout ton minis-tère.*[1] »

La foi dans l'Église aujourd'hui ? Dans le *Credo*, aussi bien le Symbole des Apôtres que la confession de foi de Nicée-Constantinople, nous affirmons : « *Je crois en l'Église.* » D'une certaine façon, nous plaçons l'Église au même niveau que les mystères de la Sainte-Trinité, de l'Incarnation et de la Rédemption. Cependant, comme l'a montré le père de Lubac, la foi en l'Église n'a pas le même sens que la foi dans les grands mystères de Dieu Lui-même. En effet, nous ne faisons pas que croire en l'Église : nous la constituons aussi. D'après le Concile, nous pouvons dire que nous croyons en l'Église en tant que mystère. Mais, en tant que Peuple de Dieu, nous avons conscience d'être l'Église. Nous sommes l'Église en qualité de membres de sa structure hiérarchique, mais sur-tout parce que nous participons à la triple mission du Christ : prophétique, sacerdotale et royale.

---

1. 2 Tm 4, 5.

Notre foi en l'Église a été renouvelée et approfondie d'une manière significative par le Concile. Pendant longtemps, on a insisté sur la dimension institutionnelle et hiérarchique de l'Église, en oubliant un peu qu'elle ne subsiste que par la grâce, et qu'en tant que peuple de Dieu, elle est essentiellement charismatique[1]. On peut dire qu'à travers l'enseignement du Concile, la foi en l'Église nous a été redonnée comme mission. Le renouveau postconciliaire porte surtout sur la redécouverte de cet aspect particulièrement fécond de la foi. La foi en l'Église, telle que l'enseigne Vatican II, nous incite à revoir nos schémas trop rigides : les anciennes divisions, comme celle qui distinguait l'Église qui enseigne et l'Église qui écoute, doivent être revues à la lumière du fait que tout baptisé participe — à la place qui lui est propre — à la mission prophétique, sacerdotale et royale du Christ. Il ne s'agit donc pas seulement de changer des notions, mais également d'innover dans la pratique, comme j'ai tenté de le montrer dans mon étude sur la portée du Concile, *Aux sources du renouveau*[2].

Permettez-moi, tout de même, de revenir un instant sur la situation religieuse en Europe aujourd'hui. Certains s'attendaient à ce que la chute du communisme soit suivie d'un retour spontané à la religion dans toutes les couches de la société. Cela

---

1. L'Église a reçu le don de l'Esprit Saint qui se manifeste dans la vie de la communauté chrétienne par des dons diversifiés, les charismes. (N.D.E.).
2. Traduction française, éditions du Centurion, Paris, 1983.

s'est-il produit ? Oui, mais pas de la façon dont on l'imaginait, bien qu'il soit incontestable que le phénomène s'est effectivement produit, surtout en Russie. Comment ? Essentiellement, sous la forme d'un retour aux traditions et aux pratiques de l'Église orthodoxe. Cependant, la liberté religieuse retrouvée a également permis une renaissance de l'Église catholique, présente depuis des siècles par l'intermédiaire des Polonais, des Allemands, des Lituaniens et des Ukrainiens qui vivent en Russie. De plus, des communautés protestantes et de nombreuses sectes occidentales, disposant d'importants moyens financiers, sont en train de s'implanter.

Dans d'autres pays, le processus de retour vers la religion, ou de persévérance dans l'Église à laquelle on appartient, dépend de la situation religieuse sous le joug communiste, et des traditions locales antérieures. On peut le vérifier facilement en observant, par exemple, des sociétés comme celles de Bohême, de Slovaquie, de Hongrie, et aussi celles de Roumanie ou de Bulgarie, qui sont majoritairement orthodoxes. Les pays de l'ex-Yougoslavie et les pays baltes constituent des cas à part.

Cependant, où réside la véritable force de l'Église ? Aujourd'hui comme hier, la force de l'Église, en Orient comme en Occident, réside à l'évidence dans le témoignage des saints, ces hommes et ces femmes qui ont fait leur la vérité du Christ, ces hommes et ces femmes qui n'ont suivi d'autre chemin que le Christ Lui-même, qui ont vécu la vie que le Christ donne dans l'Esprit Saint. Et de nos jours, l'Église ne manque pas de saints, ni en Orient, ni en Occident !

Les saints de notre siècle sont pour la plupart des martyrs. Les systèmes totalitaires, qui ont dominé l'Europe au milieu du XXe siècle, en ont beaucoup offert à l'Église. L'univers concentrationnaire, celui des camps de la mort, a été le lieu et le moyen du monstrueux holocauste des juifs. Mais il a aussi donné de véritables saints parmi les catholiques, les orthodoxes et les protestants. Il s'agit là de véritables martyrs. Il suffit de rappeler les noms du père Maximilien Kolbe[1] et d'Édith Stein[2], sans oublier les martyrs de la guerre civile en Espagne[3]. En Europe de l'Est, ces martyrs sont foule, surtout parmi les orthodoxes — russes, ukrainiens et biélorusses, sans oublier ceux qui viennent d'au-delà de l'Oural. On compte aussi des martyrs catholiques en Russie, en Biélorussie, en Lituanie, dans les pays baltes, dans les Balkans, en Ukraine, en Galicie, en Roumanie, en Bulgarie, en Albanie,

---

1. Franciscain polonais, interné à Auschwitz en 1941. Il offre sa vie à la place d'un père de famille condamné à mourir de faim en représaille à la suite d'une tentative d'évasion. (N.D.E.).
2. Élevée dans la foi juive, disciple de Husserl et de Max Scheler, Édith Stein devient athée. À la suite d'une longue évolution spirituelle, elle se convertit au catholicisme et reçoit le baptême. En 1934, elle entre au couvent des Carmélites de Cologne. En 1942, elle est arrêtée et déportée, en tant que juive, à Auschwitz où elle mourra. (N.D.E.).
3. Pendant cette guerre, les républicains ont exécuté 13 évêques, 4 000 prêtres, 2 500 religieux, 280 religieuses et 240 séminaristes. On ignore le nombre de laïcs exécutés pour des raisons religieuses.
De leur côté, les nationalistes ont déporté 278 prêtres, 125 religieux et 3 évêques. (N.D.E.).

dans les pays de l'ex-Yougoslavie. Ils représentent la multitude de ceux qui, comme le dit l'Apocalypse de saint Jean, « *suivent l'Agneau*[1] ». Ils complètent dans leur martyre le témoignage rédempteur du Christ[2], et par là même, ils rendent simultanément possible un nouveau monde, une nouvelle Europe, une nouvelle civilisation.

---

1. Ap 14, 4.
2. Cf. : Col 1, 24. « *Je trouve la joie dans les souffrances que je supporte pour vous, car ce qu'il reste à souffrir des épreuves du Christ, je l'accomplis dans ma propre chair, pour son corps qui est l'Église.* » (C.D.E.).

L'HOMME PEUT-IL SE DAMNER
ÉTERNELLEMENT ?

Ces derniers temps, l'Église a multiplié les prises de parole. On est même tenté de dire qu'au cours de ces vingt dernières années, l'Église, à différents niveaux, a produit davantage de documents que durant les vingt siècles qui ont précédé.

Cependant, certains ont l'impression que cette Église, si bavarde, reste muette sur un sujet très important, à savoir la vie éternelle. Sainteté, le paradis, le purgatoire et l'enfer existent-ils encore ? Pourquoi tant de gens d'Église nous commentent-ils sans cesse l'actualité et ne disent-ils presque rien sur l'éternité, sur l'union définitive avec Dieu, qui — nous dit la foi — est la vocation, la destinée, le but ultime de l'homme ?

O UVREZ donc la Constitution conciliaire sur l'Église, *Lumen gentium*, au chapitre VII, qui traite du caractère eschatologique de l'Église « en pèlerinage sur la terre » et de son lien avec l'Église céleste. Votre question, en fait, ne porte pas sur le lien de l'Église en marche, "pérégrinante", avec l'Église céleste, mais sur le lien entre ce que la théologie appelle l'eschatologie et l'Église terrestre. Quand vous insinuez que ce lien a, d'une certaine manière, disparu de la pratique pastorale, vous n'avez pas tout à fait tort. Certains se rappelleront qu'il n'y a pas si longtemps, dans les sermons prononcés à l'occasion des retraites spirituelles ou des missions, "les fins dernières", les réalités ultimes de la mort, du jugement, de l'enfer, du paradis et du purgatoire, constituaient le sujet immuable des méditations, que les prédicateurs savaient mener avec un art très pédagogique de l'évocation. Combien d'hommes se sont convertis et confessés grâce à ces sermons et à ces descriptions de l'au-delà ! En outre, il faut reconnaître que ce style pastoral était fortement individualisé : "Souviens-toi que, finalement, tu te présenteras devant Dieu avec toute ta vie, que devant son tribunal tu porteras la responsabilité de toutes tes actions, que tu seras jugé non seulement pour tes actes et tes paroles, mais également pour tes pensées, même les plus secrètes." Il est certain que ces prédications — dont le contenu reprenait fidèlement la Révélation de l'Ancien et du Nouveau Testament — touchaient l'homme dans l'intimité de son cœur, tourmentaient sa conscience, le mettaient à genoux, l'amenaient à la grille du confessionnal... et contribuaient ainsi puissamment à son salut.

L'homme est libre, donc responsable. Sa grandeur réside dans le fait qu'il est responsable, personnellement, socialement, et devant Dieu. Je comprends l'inquiétude que traduit votre question : vous craignez que l'oubli de telles démarches catéchétiques[1], kérygmatiques[2] et homilétiques[3] ne finisse par mettre en péril cette grandeur première de l'homme. On peut effectivement se demander si, sans ce type de message, l'Église serait encore capable de susciter l'héroïsme et de donner au monde des saints. Non pas des "grands" saints portés sur les autels, mais des saints "quotidiens", dans le sens donné à ce terme par la littérature chrétienne primitive.

Il est significatif que le Concile rappelle aussi la vocation universelle à la sainteté dans l'Église. Cette

---

1. Enseignement qui aide les baptisés à comprendre la Révélation et sa cohérence d'ensemble. (N.D.E.).
2. Qui annoncent le contenu de la foi. (N.D.E.).
3. Qui commentent l'Écriture sainte en particulier au cours de la liturgie. (N.D.E.).

vocation est universelle, c'est-à-dire qu'elle concerne chaque baptisé, chaque chrétien. Elle est toujours très personnelle, liée au travail, à la profession. Elle incite à rendre compte des "talents" reçus, à se demander si l'homme les a bien ou mal utilisés. Nous nous rappelons que le Seigneur Jésus a porté un jugement sévère sur l'homme qui avait enfoui son talent dans la terre[1].

Il est vrai que, dans la tradition catéchétique et kérygmatique de l'Église, la place dominante revenait encore récemment à une eschatologie qu'on pourrait qualifier d'individualiste, même si elle était profondément enracinée dans la Révélation. En revanche, l'enseignement du Concile pourrait être considéré comme une eschatologie de l'Église et du monde.

« *Le caractère eschatologique de l'Église en marche* » : c'est le titre du chapitre VII de *Lumen gentium*, que je suggérerais de relire et qui développe cette intuition. Il commence ainsi : « *L'Église, à laquelle nous sommes tous appelés dans le Christ et dans laquelle nous acquérons la sainteté par la grâce de Dieu, n'aura sa consommation que dans la gloire céleste, lorsque viendra le temps où toutes choses seront renouvelées*[2] *et que, avec le genre humain, tout l'univers lui-même, intimement uni avec l'homme et atteignant par lui à sa destinée, trouvera dans le Christ sa définitive perfection (...). Le Christ élevé de terre a attiré à Lui tous les*

---

1. Cf. : Mt 25, 25-30.
2. Cf. : Ac 3, 21.

hommes[1] ; *ressuscité des morts*[2], *il a envoyé sur ses apôtres son Esprit de vie et par Lui a constitué son Corps, qui est l'Église, comme le sacrement universel du salut ; assis à la droite du Père, il exerce continuellement son action dans le monde pour conduire les hommes vers l'Église, se les unir par elle plus étroitement et leur faire part de sa vie glorieuse en leur donnant pour nourriture son propre Corps et son propre Sang. La nouvelle condition promise et espérée a déjà reçu, dans le Christ, son premier commencement ; l'envoi du Saint-Esprit lui a donné son élan et par Lui elle se continue dans l'Église où la foi nous instruit même sur la signification de notre vie temporelle, dès lors que nous menons à bonne fin, avec l'espérance des biens futurs, la tâche qui nous a été confiée par le Père dans le monde et que nous faisons ainsi notre salut*[3]. *Ainsi donc déjà les derniers temps sont arrivés pour nous*[4]. *Le renouvellement du monde est irrévocablement acquis et, en toute réalité, anticipé dès maintenant : en effet, déjà sur la terre l'Église est parée d'une sainteté encore imparfaite mais véritable. Cependant, jusqu'à l'heure où seront réalisés les nouveaux cieux et la nouvelle terre où la justice habite*[5], *l'Église en pèlerinage porte dans ses sacrements et ses institutions, qui relèvent de ce temps, la figure du siècle qui passe ; elle vit elle-même parmi*

---

1. Cf. : Jn 12, 32 grec.
2. Cf. : Rm 6, 9.
3. Cf. : Ph 2, 12.
4. Cf. : 1 Co 10, 11.
5. Cf. : 2 P 3, 13.

les créatures qui gémissent présentement encore dans les douleurs de l'enfantement et attendent la manifestation des fils de Dieu.[1] »[2].

Il faut avouer qu'une telle conception de l'eschatologie se manifestait peu dans la prédication traditionnelle des époques précédentes. C'est pourtant une conception originelle, scripturaire. Tout le texte conciliaire que nous venons de citer est en fait composé de citations de l'Évangile, des Épîtres et des Actes des Apôtres. L'eschatologie "classique", traitant de ce qu'on appelle "les fins dernières", a été replacée par le Concile dans cette perspective biblique fondamentale. Comme je l'ai déjà dit, l'eschatologie demeure profondément anthropologique. Mais, à la lumière du Nouveau Testament, elle est recentrée avant tout sur le Christ et sur le Saint-Esprit et elle est, en un sens, cosmique.

On peut se demander si l'homme, enfermé dans une existence individuelle, face à sa propre vie, sa responsabilité, sa destinée personnelle, face à son propre avenir eschatologique, son paradis, son purgatoire ou son enfer personnel, ne finit pas par s'égarer dans cette perspective cosmique. Pour répondre indirectement à votre question, il faut avoir l'honnêteté de reconnaître que oui, l'homme s'est égaré, les prédicateurs se sont égarés, les catéchistes se sont égarés, les éducateurs se sont égarés. C'est pourquoi ils n'ont plus le courage de "menacer de

---

1. Cf. : Rm 8, 19-22.
2. *Lumen gentium*, n° 48.

l'enfer". Et il se peut même que ceux qui les écoutaient aient cessé d'en avoir peur...

Il faut bien constater que nos contemporains sont devenus presque insensibles aux "fins dernières". D'un côté, cette insensibilité est favorisée par ce que l'on appelle sécularisation et sécularisme, avec la course à la consommation qui en découle, orientée vers la jouissance immédiate des biens de ce monde. D'un autre côté, les enfers temporels que notre siècle finissant nous a imposés ont, à leur manière, contribué à légitimer cette insensibilité. Après l'expérience des camps de concentration, du goulag, des bombardements, sans parler des catastrophes naturelles et des malheurs personnels, reste-t-il encore à l'homme quelque chose de pire à redouter dans l'au-delà ? Peut-il craindre plus d'humiliations, de mépris, peut-il avoir encore peur de l'enfer ?

L'eschatologie est de la sorte devenue comme étrangère à l'homme contemporain, surtout dans notre civilisation. Cette indifférence ne va pas, toutefois, jusqu'à ignorer complètement la foi en Dieu comme justice suprême, comme Celui qui doit en dernier ressort dire la vérité sur les actions humaines, pour finalement récompenser le bien et punir le mal. Nul autre que Dieu ne peut juger en vérité. Les hommes continuent d'en avoir conscience. Les atrocités de notre temps n'ont pas été capables d'éliminer cette intuition : « *Le sort des hommes est de mourir une seule fois, puis de comparaître pour le jugement.*[1] »

---

1. Cf. : He 9, 27.

Cette vision constitue le dénominateur commun à toutes les religions, qu'elles soient monothéistes ou non. Quand le Concile parle du caractère eschatologique de l'Église en marche, il s'appuie aussi sur cette conviction spontanée. Dieu est le juste Juge qui récompense le bien et punit le mal. Il est en effet le Dieu d'Abraham, d'Isaac, de Moïse. Il est aussi le Dieu du Christ qui est son Fils. Et ce Dieu est Amour avant tout. Non seulement Miséricorde, mais Amour. Il n'est pas seulement le père du fils prodigue, mais aussi le Père qui « *a donné son Fils unique, pour que l'homme ne périsse pas mais obtienne la vie éternelle*[1] ».

C'est justement cette vérité évangélique sur Dieu qui suscite et légitime un certain déplacement de la perspective eschatologique. En premier lieu, l'eschatologie n'est pas uniquement la science de ce qui doit encore venir, de ce qui arrivera après la vie terrestre. Car l'eschatologie a été inaugurée par la venue du Christ. L'événement eschatologique, cela a été avant tout, sa mort rédemptrice et de sa Résurrection. Là se trouve le commencement « *du ciel nouveau et de la terre nouvelle*[2] ». L'avenir de chacun d'entre nous, outre-tombe, est lié à ces deux affirmations : « *Je crois à la résurrection de la chair* », et : « *Je crois à la rémission des péchés et à la vie éternelle* ». Voilà l'assise christocentrique de l'eschatologie.

---

1. Jn 3, 16.
2. Ap 21, 1.

Dans le Christ, Dieu a révélé au monde qu'il dési-
rait que « *tous les hommes soient sauvés et arrivent
à connaître pleinement la vérité*[1] ». Cette phrase de
la Première épître à Timothée est d'une importance
décisive pour bien comprendre et prêcher les "fins
dernières". Si Dieu désire que tous les hommes
soient sauvés, si Dieu, pour cette raison, offre son
Fils qui à son tour agit dans l'Église par l'opération
de l'Esprit Saint, l'homme peut-il être damné, peut-
il être rejeté par Dieu ?

De tout temps, la question de l'enfer a préoccupé
les grands penseurs de l'Église, depuis Origène jusqu'à Mikhaïl Boulgakov et Hans Urs von Balthasar.
Les premiers conciles ont rejeté la théorie dite de
l'apocatastase finale, selon laquelle le monde après
sa destruction serait renouvelé et toute créature
serait sauvée, théorie qui abolissait implicitement
l'enfer. Cependant la question continue de se poser.
Dieu, qui a tant aimé l'homme, peut-il accepter que
celui-ci Le rejette et pour ce motif soit condamné à
des tourments sans fin ? Pourtant, les paroles du
Christ sont sans équivoque. Chez Matthieu, Il parle
clairement de ceux qui connaîtront des peines éter-
nelles[2]. Qui seront-ils ? L'Église n'a jamais voulu
prendre position. Il y a là un mystère impénétrable,
entre la sainteté de Dieu et la conscience humaine.
Le silence de l'Église est donc la seule attitude
convenable. Même si le Christ dit, à propos de Judas
qui vient de la trahir : « *Il vaudrait mieux que cet*

---

1. 1 Tm 2, 4.
2. Cf. : Mt 25, 46.

homme-là ne soit pas né ![1] », cette phrase ne doit pas
être comprise comme la damnation pour l'éternité.

Il reste cependant une résistance dans la
conscience morale de l'homme qui s'insurge contre
l'oubli de cette perspective : Dieu est Amour, mais
n'est-Il pas également suprême Justice ? Peut-Il
accepter que les crimes les plus horribles restent
impunis ? Le châtiment irréversible n'est-il pas en
quelque sorte nécessaire pour établir une espèce
d'équilibre moral dans l'histoire si complexe de
l'humanité ? L'enfer n'est-il pas, si l'on peut dire,
une ultime "planche de salut" pour la conscience
morale de l'homme ?

L'Écriture sainte évoque d'ailleurs la réalité d'un
feu purificateur. L'Église d'Orient a retenu cette
notion, parce qu'elle se trouve dans la Bible, de préférence à la doctrine catholique sur le purgatoire.

C'est dans les œuvres de saint Jean de la Croix,
indépendamment de la bulle de Benoît XII, au XIVe
siècle, que j'ai pour ma part trouvé l'argument le
plus convaincant en faveur du purgatoire. La *"vive
flamme d'amour"* dont parle le mystique espagnol
est avant tout purificatrice. Les *"nuits mystiques"*
que ce grand docteur de l'Église décrit à partir de sa
propre expérience, constituent un équivalent du purgatoire. Dieu ne doit-Il pas faire passer l'homme par
la purification intérieure de toute sa nature sensuelle
et spirituelle, pour le conduire à s'unir à Lui ? Nous
ne sommes pas ici devant un vulgaire tribunal. Nous
sommes confrontés à la puissance de l'amour même.

---

1. Mt 26, 24.

Oui, c'est d'abord l'Amour qui nous juge. Dieu, qui est Amour, juge par amour. Or l'amour exige la purification afin que l'homme devienne digne de l'union avec Dieu qui est sa vocation et sa destinée ultime.

Il n'est pas nécessaire d'insister davantage. De nombreux théologiens, en Orient comme en Occident et jusqu'à aujourd'hui, ont consacré des volumes entiers aux "fins dernières", à l'eschatologie. L'Église n'a jamais cessé de se situer elle-même dans une perspective eschatologique. Elle n'a jamais cessé de conduire les hommes vers la vie éternelle. Si elle y renonçait, elle ne serait plus fidèle à sa vocation, à la Nouvelle Alliance que Dieu a conclue avec elle en Jésus-Christ.

À QUOI SERT DE CROIRE ?

En entendant une telle présentation du christianisme, beaucoup semblent disposés à en reconnaître l'attrait. Mais ils finissent souvent par se demander : "Après tout, à quoi bon croire ? Qu'est-ce que la foi donne de plus ? Ne peut-on pas vivre honnêtement et convenablement sans se compliquer la vie avec l'Évangile ?"

LA RÉPONSE à une telle question peut être extrêmement brève : l'utilité de la foi n'est mesurable à aucun bien, pas même aux biens de nature morale. L'Église n'a jamais nié qu'un incroyant puisse être, lui aussi, honnête et juste. Chacun d'ailleurs peut aisément le constater. Il est faux de prétendre, comme on est parfois tenté de le faire, que la foi est utile parce qu'elle incite à mieux répondre aux exigences de la morale humaine. Au contraire, on peut soutenir que l'utilité de la foi réside dans le simple fait de croire et de faire confiance. En croyant et en faisant confiance, nous répondons à la parole de Dieu. Cette parole ne tombe pas dans le vide : elle retourne, en portant du fruit, à Celui qui l'a prononcée le premier, comme l'a expliqué de façon saisissante le prophète Isaïe[1]. Cependant, Dieu se refuse absolument à nous imposer une telle réponse.

---

1. Cf. : Is 55, 10-11.
« *La pluie et la neige qui descendent des cieux*
n'y retournent pas sans avoir abreuvé la terre
  sans l'avoir fécondée et l'avoir fait germer,
pour donner la semence au semeur

À ce propos, l'enseignement du dernier Concile nous éclaire particulièrement, notamment par la Déclaration sur la liberté religieuse *Dignitatis humanae*. Il faudrait pouvoir citer l'intégralité de ce texte et l'analyser en détail. Cependant, il suffira peut-être d'en reprendre quelques passages. Ainsi : « *Tous les hommes (...) sont tenus de chercher la vérité, surtout en ce qui concerne Dieu et son Église ; et, quand ils l'ont connue, de l'embrasser et de lui être fidèles.*[1] »

Ce que le Concile souligne ici, c'est avant tout la dignité de l'homme. Le texte poursuit : « *En vertu de leur dignité, tous les hommes, parce qu'ils sont des personnes, c'est-à-dire doués de raison et de volonté libre, et par suite pourvus d'une responsabilité personnelle, sont pressés, par leur nature même, et tenus, par obligation morale, à chercher la vérité, celle tout d'abord qui concerne la religion. Ils sont tenus aussi à adhérer à la vérité dès qu'ils la connaissent et à régler toute leur vie selon les exigences de cette vérité.*[2] » Il est précisé un peu plus loin : « *Mais la vérité doit être cherchée selon la manière propre à la personne humaine et à sa nature sociale, à savoir par une*

---

et le pain à celui qui mange ;
ainsi ma parole, qui sort de ma bouche,
ne me reviendra pas sans résultat,
   sans avoir fait ce que je veux,
   sans avoir accompli sa mission. » (C.D.E.).
1. *Dignitatis humanae*, n° 1.
2. *Dignitatis humanae*, n° 2.

libre recherche, par le moyen de l'enseignement (...), de l'échange et du dialogue.[1] »

Comme on peut le constater, le Concile manifeste le plus grand respect pour la liberté humaine. Il se réfère aux exigences intérieures de la conscience afin de montrer que, lorsqu'un homme répond à Dieu et à sa Parole dans la foi, il est en parfaite harmonie avec sa dignité personnelle. L'homme ne peut être contraint d'adhérer à la vérité. Il y est seulement incité par sa nature : sa liberté même le pousse à chercher la vérité avec droiture et, lorsqu'il la trouve, à y adhérer, aussi bien intellectuellement que dans son comportement.

Ceci est enseigné par l'Église depuis toujours, et c'est d'abord ce que le Christ a enseigné et mis en pratique pendant toute sa vie terrestre. Il faudrait relire sous cet angle toute la deuxième partie du texte conciliaire sur la liberté religieuse. Là se trouve la réponse à votre question. Réponse qui est d'ailleurs déjà donnée, en substance, dans l'enseignement des Pères et dans la théologie traditionnelle, depuis saint Thomas d'Aquin jusqu'à John Henry Newman[2]. Le Concile n'a fait que confirmer ce qui a toujours été professé par l'Église. La position de saint Thomas est on ne peut plus nette : il

---

1. *Dignitatis humanae*, n° 3.
2. Prêtre anglican et professeur à Oxford, Newman (1801-1890) en approfondissant l'histoire de l'Église primitive et la pensée des Pères de l'Église acquiert la certitude que la fidélité au Christ se trouve dans l'Église catholique. Il se convertit en 1845 et est nommé cardinal en 1879. Son œuvre, souvent novatrice, est d'une très belle qualité littéraire. (N.D.E.).

est à tel point favorable au respect inconditionnel de la conscience qu'il soutient que l'acte de foi au Christ serait indigne de l'homme au cas où, par extraordinaire, ce dernier serait en conscience convaincu de mal agir en accomplissant un tel acte[1] ! L'homme est toujours tenu d'écouter et de suivre un appel, même erroné, de sa conscience qui lui paraît évident. Il ne faut toutefois pas en déduire qu'il peut persévérer impunément dans l'erreur, sans chercher à atteindre la vérité.

Si Newman, pour sa part, place la conscience au-dessus de l'autorité, il n'affirme rien d'autre que ce qui a toujours été affirmé par le Magistère de l'Église. La conscience, comme l'enseigne le Concile, « *est le centre le plus secret de l'homme, le sanctuaire où il est seul avec Dieu et où Sa voix se fait entendre. (...) Par fidélité à la conscience, les chrétiens, unis aux autres hommes, doivent chercher ensemble la vérité et la solution juste de tant de problèmes moraux que soulèvent aussi bien la vie privée que la vie sociale. Plus la conscience droite l'emporte, plus les personnes et les groupes s'éloignent d'une décision aveugle et tendent à se conformer aux normes objectives de la moralité. Toutefois, il arrive souvent que, par suite d'une ignorance invincible, la conscience s'égare sans perdre pour autant sa dignité, ce qui n'est malheureusement pas le cas lorsque l'homme se soucie peu de chercher le vrai et le bien, lorsque l'habi-*

---

1. Cf. : *Somme théologique, Ia-IIae, q. 19, a. 5.*

tude du péché rend peu à peu sa conscience presque aveugle[1] ».

Il est difficile de rester indifférent à la cohérence interne de la Déclaration conciliaire sur la liberté religieuse. À la lumière de ce texte, nous voyons clairement que l'utilité de la foi réside essentiellement dans le fait que l'homme puisse réaliser ce qui, pour sa nature rationnelle, est par excellence le bien. Il y parvient en donnant sa réponse à Dieu, ce qui est son devoir. Un devoir non seulement envers Dieu, mais aussi envers lui-même.

Le Christ a tout fait pour nous convaincre de l'importance capitale de notre réponse : nous devons la donner dans des conditions de liberté intérieure telles qu'elle doit être éclairée par la Splendeur de la Vérité qui est essentielle à la dignité de l'homme. Le Christ a demandé à l'Église d'agir comme lui. Voilà pourquoi l'Église a si fréquemment protesté au cours de son histoire contre ceux qui voulaient contraindre à la foi en "convertissant par l'épée". Il faut rappeler ici la position adoptée par l'École catholique espagnole de Salamanque à l'égard des violences exercées contre les indigènes d'Amérique, les *Indios*, sous prétexte de les amener au christianisme. Dans le même esprit, l'Académie de Cracovie s'était déjà élevée, lors du Concile de Constance en 1414, contre les exactions commises sous le même prétexte à l'encontre des peuples baltes.

---

1. *Gaudium et spes*, n° 16.

Le Christ désire évidemment la foi. Il la désire *de la part de* l'homme et il la désire *pour* l'homme. À ceux qui attendaient de Lui un miracle, Il disait : « *Va, ta foi t'a sauvé*[1] ». À cet égard, le cas de la Cananéenne est particulièrement touchant. Le Christ fait comme s'il refusait d'entendre son appel à l'aide, comme s'il voulait provoquer cette émouvante confession : « *Les petits chiens mangent les miettes qui tombent de la table de leurs maîtres.*[2] » Il souhaitait mettre cette femme à l'épreuve, pour enfin pouvoir lui dire : « *Femme, ta foi est grande, que tout se fasse pour toi comme tu le veux !*[3] »

Jésus désire éveiller la foi chez les hommes. Il désire qu'ils répondent à l'appel du Père, mais son désir respecte toujours la dignité de l'homme, car dans la recherche de la foi se trouve déjà une forme de foi implicite qui remplit la condition nécessaire au salut.

Un passage de la Constitution conciliaire sur l'Église *Lumen gentium* mérite d'être relu pour répondre à votre question : « *Ceux qui, sans qu'il y ait de leur faute, ignorent l'Évangile du Christ et son Église, mais cherchent pourtant Dieu d'un cœur sincère et s'efforcent, sous l'influence de sa grâce, d'agir de façon à accomplir sa volonté telle que leur conscience la leur révèle et la leur dicte, ceux-là peuvent arriver au salut éternel. À ceux-là*

---

1. Mc 10, 52.
2. Mt 15, 27.
3. Mt 15, 28.

qui, sans faute de leur part, ne sont pas encore parvenus à une connaissance explicite de Dieu, mais travaillent, non sans la grâce divine, à mener une vie droite, la divine Providence ne refuse pas les secours nécessaires à leur salut.[1] »

Vous évoquiez la possibilité "d'une vie droite et honnête sans l'Évangile". Je dirai que si la vie est effectivement droite, c'est parce que l'Évangile — qu'il soit ignoré ou rejeté volontairement — agit en réalité au cœur de la personne qui cherche en conscience la vérité et est disposée à l'accepter dès qu'elle la connaîtra. En fait, une telle disponibilité révèle que la grâce est déjà à l'œuvre dans l'âme. L'Esprit souffle où il veut et comme il veut[2]. La liberté de l'Esprit rencontre la liberté de l'homme et lui donne les fondations dont elle manquait.

Cette précision était nécessaire pour ne pas risquer une interprétation de type pélagien. Il s'agit là d'un risque qui existait déjà du temps de saint Augustin et qui semble se manifester de nouveau à notre époque. Pélage soutenait que, même sans l'aide de la grâce de Dieu, l'homme pouvait mener une vie droite et heureuse. La grâce de Dieu ne lui serait donc pas absolument indispensable. La vérité est, au contraire, que l'homme est effectivement appelé au salut et que certes une existence honnête est une condition nécessaire pour y parvenir, mais que le salut demeure radicalement inaccessible sans le secours de la grâce divine.

---

1. *Lumen gentium*, n° 16.
2. Cf. : Jn 3, 8.

En définitive, seul Dieu peut sauver l'homme, pourvu que celui-ci y collabore. Le fait que l'homme puisse coopérer avec Dieu est bien ce qui constitue sa véritable grandeur. La vérité selon laquelle l'homme est appelé à œuvrer en tout avec Dieu en raison de la fin ultime de sa vie, c'est-à-dire son salut et sa divinisation, a trouvé son expression dans la tradition orientale sous le nom de "synergisme" : l'homme "crée" le monde avec Dieu, l'homme "crée" avec Dieu son propre salut. La divinisation de l'homme vient de Dieu ; mais, même en cela, il faut toujours que l'homme collabore avec Dieu.

QU'EST-CE QUI FONDE
LES DROITS DE L'HOMME ?

Vous avez une fois de plus évoqué la dignité de la personne humaine. Avec les droits de l'homme, qui en sont la conséquence, c'est un sujet qui revient très souvent dans votre enseignement. Mais au fond, en quoi consiste, pour le Pape, la dignité de la personne humaine ? Quels sont pour lui les véritables Droits de l'homme ? S'agit-il simplement de concessions obtenues des gouvernements, des États, ou bien n'y a-t-il pas quelque chose de fondamentalement différent, de plus profond ?

IL ME SEMBLE que j'ai déjà traité, d'une certaine manière, ce qui est au cœur de votre question : "En quoi consiste la dignité de la personne humaine ? En quoi consistent les Droits de l'homme ?" On voit clairement que ces droits ont été inscrits dans l'ordre de la création par le Créateur lui-même. On ne peut parler ici de concessions faites par des institutions humaines, gouvernements ou organisations internationales. Ces institutions n'expriment que ce que Dieu a inscrit dans l'ordre qu'Il a Lui-même créé, ainsi que dans la conscience morale ou dans le cœur de l'homme, comme l'explique saint Paul dans l'Épître aux Romains[1].

L'Évangile est la déclaration la plus achevée de tous les droits de l'homme. Quand on l'ignore ou l'oublie, on s'écarte presque irrésistiblement de la vérité sur l'homme. L'Évangile confirme en effet la loi divine qui régit l'ordre moral de l'univers, et la

---

1. Cf. : Rm 2, 14-15. « *En effet, quand des païens privés de la Loi accomplissent naturellement les prescriptions de la Loi, ces hommes (...) montrent la réalité de cette loi inscrite en leur cœur, à preuve le témoignage de leur conscience, ainsi que les jugements intérieurs de blâme ou d'éloge qu'ils portent les uns sur les autres.* » (C.D.E.).

confirme de manière décisive par l'Incarnation elle-
même : qu'est-ce donc que l'homme si le Fils de
Dieu assume la nature humaine ? Que doit être
l'homme si, pour rétablir sa dignité, le Fils de Dieu
lui-même est prêt à payer le prix le plus haut qui
soit ? Chaque année, la liturgie de l'Église exprime
le profond étonnement que suscitent cette vérité et
ce mystère, aussi bien au moment de Noël que pendant la veillée pascale. « *O felix culpa, quae talem
ac tantum meruit habere Redemptorem* (Ô bienheu-
reuse faute, qui nous a mérité un tel Rédempteur)[1]. »
Le Christ sauveur confirme dans toute leur plénitude
les droits de l'homme en restaurant celui-ci dans la
dignité qu'il a reçue du seul fait d'avoir été créé à
l'image et à la ressemblance de Dieu.

Mais puisque vous avez abordé ce sujet, permettez-moi de saisir cette occasion pour vous dire
comment les droits de l'homme ont fini par devenir
le centre de mes préoccupations. J'ai été très surpris
de constater que l'intérêt pour l'homme et sa dignité
était devenu, contre toute attente, le terrain privilégié de la polémique avec le marxisme. Sans doute
parce que les marxistes avaient eux-mêmes centré
cette polémique sur l'anthropologie.

Lorsque, après la guerre, les communistes sont
arrivés au pouvoir en Pologne et ont commencé à
contrôler les programmes dans les universités, on
aurait pu s'attendre à ce que leur théorie du matéria-
lisme dialectique soit appliquée, dès le début, à
l'enseignement de la philosophie de la nature. Ce à

---

1. *Exultet.*

quoi, il faut le reconnaître, s'était préparée l'Église en Pologne. Je me rappelle le réconfort qu'ont représenté pour les intellectuels catholiques, dans ces années d'après-guerre, les publications du père Kazimierz Kłósak, un des plus éminents professeurs de la Faculté de théologie de Cracovie, célèbre pour son extraordinaire érudition. Il confrontait la philosophie marxiste de la nature à une démarche novatrice, qui permettait de découvrir constamment à l'œuvre dans le monde le *Logos*, c'est-à-dire la Pensée créatrice et l'ordre divin de la création. Le père Kłósak s'est ainsi inscrit dans la tradition philosophique qui débute avec les Grecs, et se poursuit grâce à la réflexion de savants contemporains tels qu'Alfred North Whitehead en passant par les *Quinque viae* de Thomas d'Aquin.

Le monde visible ne fournit pas de bases scientifiques pour justifier une interprétation athée de son existence. Une réflexion honnête y trouve au contraire assez d'éléments qui conduisent vers la connaissance de Dieu. La vision athée se révèle alors unilatérale et tendancieuse.

Je me rappelle encore toutes les discussions à ce sujet. J'ai également participé à de nombreuses rencontres avec des scientifiques, surtout des physiciens qui, après Einstein, se sont ouverts de façon saisissante à l'interprétation théiste du monde.

Mais, étrangement, ce type de polémique avec le marxisme ne s'est guère prolongé. Il est rapidement apparu que l'homme lui-même, avec sa morale, devenait le thème central des confrontations. On a vite laissé de côté la philosophie de la nature. Dans l'apologétique athée, l'interprétation cosmologique a cédé la place à l'argumentation éthique. Lorsque j'ai publié mon livre intitulé *Personne et acte*[1], les marxistes, bien entendu, ont été les premiers à le critiquer : ce travail contrecarrait la stratégie de leur polémique contre la religion et l'Église.

Cependant, je dois préciser ici que ma réflexion sur la personne et l'acte n'est pas née uniquement de la confrontation avec le marxisme. Une réflexion sur l'homme comme personne m'habitait depuis longtemps. Peut-être parce que je n'ai jamais eu de prédilection particulière pour les sciences de la nature. Mais l'homme m'a toujours passionné : d'abord, pendant mes études à la Faculté des lettres, en tant qu'auteur du langage, et objet de l'entreprise littéraire ; ensuite, lorsque j'ai découvert ma vocation sacerdotale, l'homme a commencé à m'intéresser comme sujet central de l'activité pastorale.

Nous étions alors dans la période d'après-guerre, et la controverse avec le marxisme battait son plein. Pour moi, la priorité devenait ces jeunes qui frappaient à ma porte. Ils ne venaient pas seulement avec des questions sur l'existence de Dieu, car ils me demandaient surtout comment ils devaient vivre, c'est-à-dire comment ils pouvaient affronter les défis de l'amour et du mariage, les problèmes liés à la vie professionnelle. Les questions posées par ces jeunes, durant la période qui a suivi l'occupation allemande, se sont incrustées dans ma mémoire ; ce

1. Traduction française, éditions du Centurion, Paris, 1983.

sont leurs interrogations, leurs doutes qui m'ont, d'une certaine manière, fait découvrir le chemin à suivre. À partir de l'expérience de ces rencontres, de mon intérêt pour les problèmes de leur vie, j'ai rédigé une étude dont j'ai synthétisé la teneur dans le titre : *Amour et responsabilité*[1].

L'essai *Personne et acte* est venu bien après, mais il est né à la même source. Il était pour ainsi dire inévitable de déboucher sur une telle réflexion, à partir du moment où j'étais sorti du cadre de la problématique existentielle de l'homme, et non seulement de l'homme contemporain, mais de l'homme de tous les temps. La question du bien et du mal ne nous abandonne jamais, comme en témoigne ce jeune homme de l'Évangile qui demandait à Jésus : « *Que dois-je faire pour avoir en héritage la vie éternelle ?*[2] »

Ainsi, pour des raisons avant tout pastorales, ai-je centré mes études sur l'homme et sur la personne humaine. C'est en effet pour remplir ma mission de pasteur que j'ai formulé, dans *Amour et responsabilité*, le concept de norme personnaliste. Il s'agit là d'une tentative de traduction du commandement de l'amour dans le vocabulaire de l'éthique philosophique. La personne est un être auquel ne convient qu'une seule dimension : l'amour. Nous sommes justes à l'égard d'une personne si nous l'aimons et ceci vaut pour Dieu comme pour les êtres humains.

---

1. Traduction française, éditions du Dialogue et Stock, Paris, 1978.
2. Mc 10, 17.

L'amour pour une personne interdit de la traiter comme un objet de jouissance. C'est une notion que l'on trouve déjà dans l'éthique kantienne et elle constitue ce que l'on appelle son deuxième impératif. Toutefois, cet impératif a un caractère plutôt négatif et n'épuise pas tout le contenu du commandement de l'amour. Si Kant insistait avec tant de vigueur sur l'impossibilité de traiter une personne comme un objet de jouissance, c'était surtout pour s'opposer à l'utilitarisme anglo-saxon. Cependant, même si l'on admet qu'il a, de ce point de vue, atteint son objectif, cela n'implique pas qu'il ait pour autant pleinement intégré la portée du commandement évangélique de l'amour. Celui-ci en effet n'exige pas seulement d'exclure tout comportement qui réduise la personne à un objet de jouissance, mais il requiert quelque chose de plus : la reconnaissance de la personne pour elle-même.

La véritable traduction personnaliste du commandement de l'amour se trouve une fois de plus dans un texte de Vatican II : « *Quand le Seigneur Jésus prie le Père pour "Que tous, ils soient un (...) comme nous sommes un*[1]*", il ouvre des perspectives inaccessibles à la raison et il nous suggère qu'il y a une certaine ressemblance entre l'union des personnes divines et celle des fils de Dieu dans la vérité et dans l'amour. Cette ressemblance montre bien que l'homme, seule créature sur terre que Dieu ait voulue pour elle-même, ne peut pleinement se trou-*

---
1. Jn 17, 21-22.

ver que par le don désintéressé de lui-même.[1] »
Nous voyons là une interprétation fidèle du
commandement de l'amour. C'est une formulation
limpide du principe fondamental de la reconnaissance de la personne pour la simple raison qu'elle
est une personne, c'est-à-dire « la seule créature sur
terre que Dieu ait voulue pour elle-même ». En
même temps, le texte conciliaire souligne que « le
don désintéressé de soi-même » est l'élément le plus
décisif de l'amour. Ce don total conduit la personne
à se réaliser dans et par l'amour.

Ainsi, la reconnaissance de la personne pour elle-
même et le don désintéressé de soi non seulement ne
s'excluent pas, mais encore se renforcent récipro-
quement et même se contiennent l'un l'autre :
l'homme atteint la plénitude de sa nature en se donnant. Voilà la réalisation la plus achevée du
commandement de l'amour ! Nous atteignons là le
cœur de la vérité sur l'homme, telle que le Christ
nous l'a révélée par sa vie et telle que l'ont confirmée la tradition de la morale chrétienne et le témoignage des saints et des innombrables héros de
l'amour du prochain à travers les siècles.

Si nous privons la liberté humaine de cette dimension, si l'homme ne sait pas se donner aux autres,
alors sa liberté peut devenir un danger, pour lui
comme pour les autres : la liberté choisira de faire ce
que chacun considère comme bon pour lui-même, ce
qui lui procure le plus de profit ou de plaisir, peut-
être même un plaisir sublimé. Si l'on n'entre pas

---

1. *Gaudium et spes*, n° 24.

dans la perspective du don de soi-même, on court nécessairement le risque de s'enfermer dans cette liberté égoïste que dénonçait Kant. Cette réflexion a été poursuivie par Max Scheler et les penseurs qui ont proposé une éthique des valeurs, mais il demeure que l'Évangile seul nous offre l'exigence morale la plus parfaite. Voilà pourquoi l'Évangile contient une déclaration cohérente de tous les droits de l'homme, y compris les droits qui, pour différents motifs, peuvent gêner les uns ou les autres.

POURQUOI L'ÉGLISE EST-ELLE SI INTRANSIGEANTE SUR LE PROBLÈME DE L'AVORTEMENT ?

Au premier rang de ces droits de l'homme "gênants" que vous venez d'évoquer, se trouve sans doute le droit à la vie et le devoir de la défendre dès la conception. C'est encore une question qui revient souvent — et avec des accents pathétiques — dans votre enseignement. Votre condamnation inlassable de toute forme de légalisation de l'avortement a été qualifiée d'"obsessionnelle" dans certains milieux politico-culturels. On y entend dire que les véritables humanistes sont ceux qui ont obtenu que les interruptions de grossesse soient autorisées, volontaires et plus sûres.

Il n'y a pas, pour l'homme, de droit plus fondamental que le droit à la vie ! Et pourtant, une certaine culture contemporaine a voulu le lui dénier, en allant même jusqu'à en faire un droit qu'il est "gênant" de défendre. Mais aucun autre droit ne touche de plus près l'existence même de la personne ! Le droit à la vie implique d'abord le droit de naître, puis le droit de vivre jusqu'à la mort naturelle : "Tant que je vis, j'ai le droit de vivre".

Le problème que pose la vie de l'enfant conçu et encore à naître est particulièrement sensible. Et pourtant, la réponse ne peut qu'être évidente ! La légalisation de l'interruption de grossesse n'est rien d'autre que l'autorisation donnée à des adultes, avec l'aval de la loi, de priver de sa vie, avant qu'il ne voie le jour, un être humain qui ne peut pas se défendre. Comment imaginer une condamnation plus injuste ! Comment oser parler de "l'obsession" du Pape quand est mis en cause un impératif fondamental de la conscience droite : la défense du droit à la vie d'un être humain innocent et sans défense !

Certes, le problème est parfois posé dans les termes du droit qu'aurait la femme d'exercer sa liberté de choix face à la vie qu'elle porte déjà dans son sein. La femme devrait, dans cette perspective, avoir le droit de choisir entre mettre l'enfant au monde, ou retirer la vie à l'enfant qu'elle a conçu. Mais chacun peut se convaincre qu'il ne s'agit là que d'une fausse alternative ! On ne peut pas parler de liberté de choix quand l'une des options est un mal moral aussi incontestable, quand il s'agit purement et simplement de transgresser le commandement : « *Tu ne tueras pas !* »

Ce commandement ne prévoit-il pas quelques exceptions ? La réponse est indubitablement "non". L'hypothèse de la légitime défense ne s'applique jamais à un innocent, mais uniquement à un agresseur injuste. Il est de plus requis de respecter ce que les moralistes appellent le *principium inculpatae tutelae* (principe de la défense irrépréhensible) : pour être légitime, la défense doit être entreprise de façon à causer le moins de dommage possible et notamment à épargner autant que faire se peut la vie de l'agresseur.

Le cas de l'enfant à naître ne correspond pas à cette problématique. L'enfant conçu dans le sein de sa mère n'est jamais un agresseur injuste ! Il n'est qu'un être sans défense qui attend d'être accueilli et protégé.

Il convient cependant de reconnaître que, dans ce domaine, nous sommes témoins de véritables tragédies humaines. Bien souvent, la femme est victime de l'égoïsme masculin. Il arrive ainsi que l'homme, qui a contribué à la conception de la nouvelle vie, ne veuille pas en assumer la responsabilité. Il la renvoie donc sur la femme, comme si elle seule était "coupable". Au moment où la femme a le plus besoin de son soutien, l'homme se révèle ne penser cyniquement qu'à lui-même. Il a profité des sentiments ou de la faiblesse d'une femme, mais il rejette tout sens de la responsabilité pour l'acte qu'il a accompli. Ce sont des drames que connaissent bien, non seulement les confesseurs, mais aussi les tribunaux du monde entier, y compris (et aujourd'hui de plus en plus souvent) les tribunaux pour mineurs.

C'est pourquoi il convient, tout en rejetant fermement l'attitude que l'on appelle *pro choice* (pour le choix), de se prononcer avec courage *pro woman* (pour la femme), c'est-à-dire pour un choix fait réellement en faveur de la femme. En effet, c'est elle qui paiera le prix fort si elle a le courage de garder son enfant, mais plus encore peut-être si elle retire la vie à l'enfant qui a été conçu en elle. La seule attitude envisageable dans un tel cas est la solidarité radicale avec la femme enceinte. Il n'est pas permis de la laisser seule. L'expérience de nombreux conseillers montre qu'au fond d'elle-même, la femme ne souhaite pas supprimer la vie de l'enfant qu'elle porte en son sein. Si elle est confortée dans ce sentiment irrépressible, et si en même temps on l'aide à se libérer des pressions de son milieu, alors elle se révèle souvent capable même d'héroïsme. C'est ce que confirment de nombreux conseillers et surtout les

responsables des maisons d'accueil des mères céli-
bataires. Il semble d'ailleurs que les mentalités
commencent à évoluer positivement dans cette
direction, même si l'on rencontre encore nombre de
ces soi-disant "bienfaiteurs de l'humanité" qui prétendent aider les femmes en les délivrant de la perspective de la maternité.

Nous sommes ici dans un domaine que l'on peut
vraiment qualifier de critique, aussi bien du point de
vue des droits de l'homme que de ceux de la morale
et de la pastorale. Tous ces aspects sont intimement
liés. Je l'ai toujours constaté dans ma vie et dans
mon ministère de prêtre, d'évêque diocésain et finalement de successeur de Pierre avec les responsabilités qui en découlent. C'est pourquoi, je tiens à le
répéter, je rejette catégoriquement toute accusation
ou soupçon d'une quelconque "obsession" du Pape à
ce sujet. Il s'agit ici d'un problème d'une importance capitale, face auquel nous devons tous faire
preuve de la plus grande responsabilité et de la plus
grande vigilance. Dans ce domaine, nous ne pouvons pas nous laisser aller à la moindre permissivité,
car cela nous conduirait tout droit à piétiner les
droits de l'homme. Nous en viendrions à nier des
valeurs fondamentales non seulement pour la vie des
personnes ou des familles, mais pour la société elle-
même. N'est-ce pas cette atroce vérité qu'évoque
l'expression cruelle : une "civilisation de la mort" ?

Bien entendu, il n'est pas question d'opposer à
cette "civilisation de la mort" un programme de
multiplication irresponsable de la population sur la

planète. Les données démographiques doivent être prises en considération. La voie qu'il convient d'emprunter pour en tenir compte est ce que l'Église appelle la paternité et la maternité responsables. Les conseillers familiaux de l'Église l'enseignent. Cette notion est fondée sur les postulats que l'être humain doit être aimé pour lui-même et qu'un authentique amour conjugal doit être responsable, car il n'y a pas d'amour sans responsabilité. Oui, la beauté de l'amour réside dans la responsabilité. Et lorsque l'amour est responsable, il devient véritablement libre.

En affirmant cela, je m'inspire très précisément de l'enseignement de l'encyclique *Humanae vitae* de mon vénéré prédécesseur Paul VI, qui confirme et rejoint mon expérience d'autrefois avec mes jeunes interlocuteurs, conjoints et futurs conjoints, alors que j'écrivais *Amour et responsabilité*. Je l'ai déjà dit : ce sont eux qui ont assuré ma formation dans ce domaine. Hommes et femmes, ils contribuaient activement à la pastorale des familles, à la pastorale de la paternité et de la maternité responsables, à la création du service de conseil conjugal qui s'est par la suite développé dans l'Église. L'activité principale de ces centres, leur premier travail, concernait et concerne toujours l'amour humain : on y vivait et on continue d'y vivre la responsabilité de l'amour humain.

Puisse cette responsabilité ne jamais manquer à personne nulle part. Qu'elle ne manque ni aux législateurs, ni aux éducateurs, ni aux prêtres ! À combien d'anonymes je voudrais ici rendre hommage, en leur exprimant ma plus profonde gratitude pour leur engagement et leur dévouement sans limite ! Ils apportent la confirmation de cette vérité chrétienne et personnaliste : l'homme ne se réalise lui-même que dans la mesure où il sait se donner aux autres de manière désintéressée.

En plus des centres de conseil conjugal, il faut mentionner le travail de formation accompli dans l'enseignement supérieur. Je pense aux facultés que je connais, ayant dans certains cas contribué à leur création. Je pense en particulier à la chaire d'éthique de l'Université catholique de Lublin, et plus précisément à l'Institut qui a été fondé là-bas juste après mon départ, sous la direction de certains de mes plus proches collaborateurs de l'époque et anciens élèves. Je pense aussi aux professeurs Tadeusz Styczen et Andrzej Szostek. En vérité, la personne n'est pas seulement l'objet d'une merveilleuse théorie : elle se trouve au centre de l'*ethos* humain.

Ici à Rome, je ne peux omettre de mentionner l'Institut qui a été créé dans le même esprit à l'Université du Latran et qui a déjà suscité des initiatives semblables aux États-Unis, au Mexique, au Chili et dans d'autres pays. La manière la plus juste de servir la cause de la paternité et de la maternité responsables consiste précisément à en faire découvrir les bases éthiques et anthropologiques. Dans aucun autre domaine la collaboration entre pasteurs, biologistes et médecins n'est aussi indispensable.

Dans ce débat, parmi les penseurs contemporains, je voudrais mentionner au moins un nom : celui d'Emmanuel Levinas. Il représente l'un des courants du personnalisme contemporain et de la philosophie du dialogue. De même que Martin Buber et Franz Rosenzweig, il s'inscrit dans la tradition personnaliste de l'Ancien Testament, où est si fortement mis en évidence le rapport entre le "je" humain et le "Tu" absolument souverain et divin.

Dieu, qui est le Législateur suprême, a solennellement prononcé sur le Sinaï ce commandement : « *Tu ne tueras pas !* » Il y a là un impératif moral de caractère absolu. Comme ses coreligionnaires, Lévinas a profondément vécu le drame de la *Shoah*, et c'est peut-être une des raisons pour lesquelles il donne de cette injonction particulièrement nette du Décalogue, une interprétation remarquable. Pour lui, la personne se manifeste à travers le visage. La philosophie du visage constitue un des héritages de l'Ancien Testament, notamment des psaumes et des livres prophétiques, où l'on parle sans cesse de « *la recherche de la face de Dieu*[1] ». À travers le visage, c'est l'homme qui parle, le visage de tout homme qui devient une victime crie : « *Ne me tue pas !* ». Le visage humain et le commandement « *tu ne tueras pas* » ont été unis chez Levinas d'une façon géniale, comme un témoignage sur notre époque où différents parlements, bien que démocratiquement élus, légalisent des meurtres avec une incroyable facilité.

Mais il est peut-être préférable de ne pas s'appesantir davantage sur un sujet aussi douloureux.

---

1. Cf. : par exemple, Ps 27(26), 8.

LA DÉVOTION À MARIE
NOUS DÉTOURNE-T-ELLE DU CHRIST ?

Totus Tuus, *tout à Marie, c'est la devise de votre pontificat. Votre enseignement et votre activité sont marqués par une relance de la théologie et de la dévotion mariales, en continuité d'ailleurs avec une tradition catholique. En outre, depuis un certain temps, on entend de plus en plus parler d'apparitions mystérieuses et de messages de la Mère de Dieu. Des foules de pèlerins se mettent en route, comme au siècle dernier. Votre Sainteté a-t-elle quelque chose à nous dire à ce propos ?*

TOTUS TUUS : il ne s'agit pas uniquement d'une formule de piété conventionnelle, l'expression toute simple d'une dévotion, mais de bien plus encore. Pendant la seconde guerre mondiale, lorsque je travaillais comme ouvrier dans une usine, mon orientation vers cette dévotion s'est affermie en moi. Jusque-là, il m'avait semblé préférable de prendre quelque distance avec la piété mariale de mon enfance, pour mieux centrer ma vie spirituelle sur le Christ. Mais grâce à saint Louis-Marie Grignion de Montfort[1], j'ai compris que l'authentique dévotion à la Mère de Dieu est véritablement christocentrique, profondément enracinée dans le mystère trinitaire, et dans ceux de l'Incarnation et de la Rédemption.

J'ai donc ainsi redécouvert la piété mariale avec une attention renouvelée ; cette forme de piété n'a cessé de mûrir en moi et de porter ses fruits, qui

---

1. (1673-1716) Ordonné prêtre en 1700 et nommé aumônier de l'hôpital de Poitiers. Il commence bientôt un ministère de prédication itinérante. Avec Marie-Louise Trichet, il fonde les Filles de la Sagesse. En outre, il décide de réunir au sein d'une compagnie de Marie des prêtres et des catéchistes. Sa spiritualité mariale, très profonde et très originale, fut redécouverte au cours de ce siècle. (N.D.E.).

apparaissent dans l'encyclique *Redemptoris Mater* et dans la lettre apostolique *Mulieris dignitatem*.

Chacun de nous doit être conscient que la dévotion mariale n'exprime pas seulement un élan du cœur, une inclination sentimentale, mais répond à la vérité objective sur la Mère de Dieu. Marie est la nouvelle Ève que Dieu place auprès du Christ, nouvel Adam, dès l'Annonciation, puis dans la nuit de la naissance à Bethléem, aux noces de Cana en Galilée, au pied de la croix sur le Golgotha et jusqu'au cénacle de la Pentecôte : la Mère du Christ rédempteur est la Mère de l'Église.

Le Concile Vatican II a fait faire un prodigieux bond en avant, aussi bien à la doctrine qu'à la dévotion mariale. Il est impossible de citer ici en entier le merveilleux chapitre VIII de *Lumen gentium*, et c'est bien dommage ! Lorsque je participais au Concile, j'ai pleinement reconnu mon expérience personnelle dans la substance de ce chapitre. J'ai retrouvé là toute mon expérience antérieure depuis mon adolescence, tout ce qui m'unit de manière si singulière à la Mère de Dieu sous des formes toujours nouvelles.

La première et la plus ancienne forme de mon union à la Vierge sainte a été la prière de mon enfance à l'église paroissiale de Wadowice devant l'image de Notre-Dame du Perpétuel Secours, liée à la tradition carmélitaine. Cette prière est particulièrement éloquente, elle utilise un symbolisme fécond. Je l'ai découverte dès ma jeunesse grâce au carmel situé "sur la colline" dans ma ville natale. Une autre

forme de dévotion mariale a été pour moi la tradition
des pèlerinages à Kalwaria Zebrzydowska, un de ces
sanctuaires qui attirent des foules de pèlerins, venus
surtout du sud de la Pologne et de l'autre côté des
Carpates. Ce haut lieu de la région a pour particula-
rité de ne pas être centré exclusivement sur Marie,
mais d'être aussi profondément christocentrique.
Les pèlerins, pendant leur séjour, suivent d'abord les
"chemins" qui sont un Chemin de Croix où l'homme
retrouve sa vraie place, près du Christ par Marie. La
station de la Crucifixion est placée au point le plus
élevé, qui domine les environs. La grande procession, qui se déroule chaque année avant la fête de
l'Assomption, n'est rien d'autre que l'expression de
la foi du peuple chrétien : la Mère de Dieu participe
de façon unique à la Résurrection et à la gloire de
son Fils.

Dès mon enfance, la dévotion mariale était en moi
étroitement liée à la dimension christologique. C'est
précisément ce que m'ont appris les pèlerinages à
Kalwaria.

À Jasna Gòra, avec l'icône de la Vierge Noire, un
autre aspect l'emporte. La Vierge de Jasna Gòra est
vénérée depuis des siècles comme Reine de la
Pologne. C'est notre sanctuaire national. Chez sa
Dame et Reine, le peuple polonais est venu chercher
et continue à venir chercher le soutien et la force
nécessaires à sa renaissance spirituelle. Jasna Gòra
est le lieu symbolique de l'évangélisation de tout le
pays. Les grands événements de l'histoire de la
Pologne ont toujours été, d'une certaine façon, liés à

ce lieu : c'est là, sur cette colline, que se récapitulent le passé de mon peuple et son histoire contemporaine.

J'espère que ces quelques souvenirs pourront aider à comprendre pourquoi le Pape actuel est si attaché à la dévotion mariale et surtout pourquoi il s'en remet totalement à Marie en lui redisant chaque jour : *Totus Tuus.*

QUELLE EST LA PLACE DE LA FEMME
DANS LA VIE SOCIALE ?

Dans votre encyclique qui a reçu le titre significatif de Mulieris dignitatem *(la dignité de la femme), vous avez, entre autres, voulu montrer comment le culte catholique pour une femme, Marie, avait influencé toute la problématique actuelle de la femme.*

POUR PROLONGER ce que je viens de dire, je voudrais en venir maintenant à une autre dimension du culte marial qui ne se traduit pas seulement par une forme de dévotion ou de piété, mais également par une attitude globale à l'égard de la femme en tant que telle.

Si notre siècle se caractérise, dans les sociétés libérales, par une montée en puissance du féminisme, il y a lieu de penser que cette évolution constitue une réaction contre les manquements au respect dû à toute femme. Tout ce que j'ai écrit sur ce thème dans *Mulieris dignitatem*, je le portais en moi depuis très longtemps, et même dans une certaine mesure depuis mon enfance. J'ai certainement été influencé aussi par le climat qui régnait à l'époque de ma formation : on respectait alors au plus haut point la femme, et surtout la femme en tant que mère.

Je pense qu'un certain féminisme contemporain trouve ses racines dans le manque de véritable respect pour la femme. La vérité révélée sur la femme est tout autre. Le respect pour la femme, l'émerveillement pour le mystère de la féminité, enfin l'amour sponsal de Dieu lui-même et du Christ, qui s'exprime dans la Rédemption sont autant d'éléments qui n'ont jamais été absents de la vie de l'Église. En témoigne une riche tradition d'usages et de coutumes que malheureusement aujourd'hui on tend à perdre de vue. Dans notre civilisation la femme est devenue un objet de jouissance.

Il est donc extrêmement significatif que, dans ce contexte, recommence à apparaître la théologie authentique de la femme. On redécouvre sa beauté spirituelle, son génie particulier, on jette les bases nécessaires au rétablissement de sa véritable place dans la vie familiale, sociale et culturelle.

Pour y parvenir, nous devons à nouveau nous tourner vers la Mère du Sauveur. La figure de Marie et la vénération que nous pourrons lui porter sera pour nous une grande source d'inspiration et de créativité !

N'AYEZ PAS PEUR !

Comme vous l'avez déjà laissé entendre, ce n'est pas un hasard si vous avez tenu à commencer votre pontificat par un appel qui a eu et continue d'avoir un profond retentissement dans le monde : « N'ayez pas peur ! ».

C'est un cri qui peut être interprété de diverses manières. Votre Sainteté trouve-t-elle légitime celle qui consiste à croire que c'est aujourd'hui de l'Évangile que beaucoup de gens doivent apprendre à n'avoir plus peur ? Nombreux sont en effet ceux qui craignent que la Bonne Nouvelle du Salut leur rende la vie plus difficile à cause des exigences ressenties comme un fardeau plutôt que comme une libération.

Q UAND, le 22 octobre 1978, sur la place Saint-Pierre j'ai lancé : « *N'ayez pas peur !* », je ne pouvais évidemment pas savoir jusqu'où ces paroles nous entraîneraient, moi et l'Église. Le message qu'elles transmettaient venait bien plus de l'Esprit Saint, ce « consolateur » promis par le Seigneur Jésus à ses Apôtres, que de l'homme qui les prononçait. Au fil des années, j'ai eu maintes occasions de renouveler cet appel.

Ce « N'ayez pas peur ! » doit être pris dans son acception la plus large. C'était un encouragement adressé à tous les hommes, afin qu'ils surmontent la peur que leur inspirait l'état du monde contemporain, aussi bien à l'Est qu'à l'Ouest, au Nord qu'au Sud : n'ayez pas peur de ce que vous avez vous-mêmes créé, n'ayez pas peur de tout ce qui, dans ce que l'homme a produit, risque de se retourner contre lui ! En un mot, n'ayez pas peur de vous-mêmes !

Pourquoi ne devons-nous pas avoir peur ? Parce que l'homme a été racheté par Dieu ! Quand j'ai prononcé ces mots sur la place Saint-Pierre, il m'apparaissait déjà clairement que ma première encyclique et tout mon pontificat devaient donner la priorité à la vérité sur la Rédemption. C'est dans cette vérité que s'enracine ce « N'ayez pas peur ! » : « *Car Dieu a tant aimé le monde, qu'Il a donné son Fils unique.*[1] » Ce Fils demeure au cœur de l'histoire de l'humanité comme le Rédempteur. La Rédemption imprègne toute l'histoire humaine, y compris celle qui se situe avant le Christ, elle prépare l'avenir eschatologique de l'homme. Elle est cette lumière qui « *brille dans les ténèbres et que les ténèbres ne parviennent pas à étouffer*[2] ». La puissance de la Croix du Christ et de sa Résurrection est toujours plus grande que tout le mal dont l'homme pourrait et devrait avoir peur.

C'est ici qu'il faut revenir à la devise *Totus Tuus*. Dans une de vos précédentes questions, vous m'interrogiez sur la Mère de Dieu et les nombreuses révélations privées qui ont eu lieu, principalement au cours des deux derniers siècles. Je vous ai répondu en vous racontant comment la dévotion à Marie s'était développée dans ma vie personnelle, d'abord dans ma ville natale, ensuite au sanctuaire de Kalwaria, puis à Jasna Góra. Jasna Góra a fait irruption dans l'histoire de ma patrie au XVIIe siècle comme une sorte de « N'ayez pas peur ! » venu du Christ par la bouche de sa Mère. Quand, le 22 octobre 1978, j'ai reçu l'héritage romain du ministère de Pierre, cette expérience mariale vécue, sur

---

1. Jn 3, 16.
2. Jn 1, 5.

ma terre polonaise, était déjà profondément inscrite dans ma mémoire.

« *N'ayez pas peur !* » a dit le Christ aux Apôtres[1] et aux femmes[2] après sa Résurrection. Les textes évangéliques ne nous disent pas que Marie aurait, elle aussi, reçu cet encouragement. Forte de sa foi, « *elle n'avait pas peur* ». C'est l'expérience traversée par mon pays qui m'a, la première, fait comprendre comment Marie participe à la victoire du Christ. J'ai aussi appris directement du cardinal Stefan Wyszynski[3], que son prédécesseur, le cardinal August Hlond, avait prononcé avant de mourir cette parole prophétique : « La victoire, si elle vient, viendra par Marie »...

Au cours de mon ministère pastoral en Pologne, j'ai été témoin de l'accomplissement de cette parole.

Une fois élu Pape, confronté aux problèmes de l'Église entière, cette intuition, cette conviction m'a toujours habité : dans cette dimension universelle aussi, la victoire, si elle venait, serait remportée par Marie. Le Christ vaincra par Marie. Il veut qu'elle soit associée aux victoires de l'Église, dans le monde d'aujourd'hui et dans celui de demain.

J'en étais donc intimement persuadé, même si à l'époque j'ignorais presque tout de Fatima. Je pressentais seulement qu'il y avait là une certaine conti-

---

1. Cf. : Lc 24, 36.
2. Cf. : Mt 28, 10.
3. Primat de Pologne, démis de ses fonctions et emprisonné par le pouvoir communiste au lendemain de la seconde guerre mondiale. Après la mort de Staline, il est libéré et reprend ses fonctions. Il meurt peu après l'élévation de son fils spirituel, Karol Wojtyla, sur le siège de Pierre. (N.D.E.).

nuité, de La Salette[1] à Fatima en passant par Lourdes, sans oublier, dans un passé plus lointain, notre Jasna Góra de Pologne.

Et puis le 13 mai 1981 est arrivé. Quand j'ai été atteint par la balle de mon agresseur sur la place Saint-Pierre, je ne me suis pas rendu compte immédiatement que nous fêtions justement l'anniversaire du jour où Marie était apparue aux trois enfants de Fatima, au Portugal, pour leur transmettre les messages qui, alors que la fin de ce siècle approche, se révélent sur le point d'être pleinement confirmés.

Lors d'un tel événement, le Christ n'a-t-il pas encore une fois prononcé son « *N'ayez pas peur !* » ? N'a-t-il pas répété à cette occasion son message pascal à l'intention du Pape, de l'Église et, au-delà, à l'attention de toute la famille humaine ?

À la fin du deuxième millénaire, nous avons plus que jamais besoin d'entendre cette parole du Christ ressuscité : « *N'ayez pas peur !* ». C'est une nécessité pour l'homme d'aujourd'hui qui, même après la chute du communisme, ne cesse pas d'avoir peur en son for intérieur et non sans raisons. C'est une nécessité pour les nations qui renaissent, une fois libérées du joug soviétique, mais aussi pour celles qui assistent de l'extérieur à cette expérience. C'est également une nécessité pour tous les peuples et toutes les nations du monde entier. Il faut que, dans la conscience de chaque être humain, se fortifie la

---

1. En 1846, à La Salette, petit village des Alpes dans la région de Grenoble, Mélanie quinze ans et Maximin onze ans, voient une "belle dame" qui leur demande de transmettre un message de pénitence et de conversion. (N.D.E.).

certitude qu'il existe Quelqu'un qui tient dans ses mains le sort de ce monde qui passe, Quelqu'un qui détient les clefs de la mort et des enfers[1], Quelqu'un qui est l'Alpha et l'Oméga de l'histoire de l'homme[2], qu'elle soit individuelle ou collective ; et surtout la certitude que ce Quelqu'un est Amour[3], l'Amour fait homme, l'Amour crucifié et ressuscité, l'Amour sans cesse présent au milieu des hommes ! Il est l'Amour eucharistique. Il est source inépuisable de communion. Il est le seul que nous puissions croire sans la moindre réserve quand Il nous demande : « *N'ayez pas peur !* ».

Vous notez que l'homme contemporain a de la peine à revenir à la foi, parce que les exigences morales qui en découlent l'effraient. Dans une certaine mesure, c'est fondé : oui, l'Évangile comporte des exigences. À cet égard, le Christ n'a jamais bercé d'illusions ni ses disciples ni ceux qui L'écoutaient. Au contraire, avec une grande fermeté, Il les a préparés à affronter toutes sortes de contradictions intérieures et extérieures, en n'excluant jamais qu'ils pourraient décider de L'abandonner. S'Il affirme cependant : « *N'ayez pas peur !* », Il ne dit pas cela pour minimiser ses exigences d'une façon ou d'une autre. Bien au contraire, Il confirme par là toute la vérité de l'Évangile et toutes les obligations qui en découlent. Mais il révèle en même temps que ces exigences ne dépassent pas les forces de

---

1. Cf. Ap 1, 18.
2. Cf. Ap 22, 13.
3. Cf. : 1 Jn 4, 8.16

l'homme. Si l'homme accepte ces implications de sa foi, il trouve alors, dans la grâce que Dieu ne lui refuse pas, la force qui lui permet de faire face. Le monde déborde de preuves de l'action de cette force rédemptrice, que les évangiles annoncent avec bien plus de clarté qu'ils n'imposent des exigences morales. Il y a dans le monde tant d'hommes et de femmes dont la vie témoigne qu'il est possible de mettre en pratique tout ce que demande la morale évangélique ! De plus, l'expérience prouve qu'une vie humaine ne peut réussir qu'à leur exemple.

Accepter les exigences évangéliques, c'est assumer toutes les dimensions de sa propre humanité, y discerner la beauté du dessein de Dieu, en reconnaissant la réalité de toutes les faiblesses humaines, à la lumière de la puissance même de Dieu : « *Ce qui est impossible pour les hommes est possible pour Dieu.*[1] »

On ne peut pas séparer les exigences morales proposées à l'homme par Dieu de l'exigence de l'amour rédempteur, c'est-à-dire du don de la grâce que Dieu lui-même en un sens s'est engagé à accorder. Qu'est-ce que le salut apporté par le Christ, si ce n'est précisément cela ? Dieu veut sauver l'homme, Il veut l'accomplissement de l'humanité selon la mesure qu'Il a Lui-même fixée. Et le Christ est fondé à dire que le joug qu'Il met sur nos épaules est doux et son fardeau, en fin de compte, léger[2].

---

1. Lc 18, 27.
2. Cf. Mt 11, 28-30. « *Venez à moi, vous tous qui peinez sous le poids du fardeau, et moi, je vous procurerai le repos. Prenez sur vous mon joug,*

Il est capital pour l'homme d'entrer dans l'espérance, de ne pas s'arrêter sur le seuil, et de se laisser guider. Je pense que le grand poète polonais Cyprian Norwid, qui décrivait ce qu'il découvrait au plus intime de l'existence chrétienne, a parfaitement exprimé cette réalité : « Nous ne marchons pas à la suite du Sauveur en portant sa croix, mais nous suivons le Christ qui porte la nôtre.[1] » Voilà pourquoi la vérité sur la Croix peut être qualifiée de "Bonne Nouvelle"...

---

devenez mes disciples, car je suis doux et humble de cœur, et vous trouverez le repos. Oui mon joug est facile à porter et mon fardeau léger. » (C.D.E.).
1. Lettre à J.B. Zaleski, Paris, le 6 janvier 1851.

ENTRER DANS L'ESPÉRANCE

À la lumière de ce que vous avez bien voulu nous dire, et dont nous vous sommes reconnaissants devons-nous conclure qu'aujourd'hui l'homme a moins de motifs que jamais d'"avoir peur" du Dieu de Jésus-Christ ? Alors, vaut-il vraiment la peine d'"entrer dans l'espérance", de découvrir que nous avons un Père et de reconnaître qu'Il nous aime ?

L<small>E</small> <small>PSALMISTE</small> l'affirme : « *La crainte de Dieu est le début de la sagesse.*[1] » Permettez-moi de partir de cette parole biblique pour répondre à votre dernière question. L'Écriture sainte contient un appel insistant à pratiquer « *la crainte* » du Seigneur. Il ne s'agit pas là de n'importe quelle appréhension, mais de cette crainte qui est un don de l'Esprit Saint. Parmi les dons de l'Esprit qu'énumère Isaïe[2], la crainte de Dieu se trouve à la dernière place, mais cela n'implique pas qu'elle ait une importance mineure, car justement « *la crainte de Dieu est le début de la sagesse* ». Et la sagesse, parmi les dons du Saint-Esprit, figure à la première place. C'est pourquoi, en particulier aujourd'hui, il faut souhaiter

---

1. Cf. Ps 111(110),10
2. Cf. Is 11,1-3.
« *Un rejeton sortira de la souche de Jessée*
un surgeon poussera de ses racines.
Sur lui reposera l'Esprit de Yahvé :
    esprit de sagesse et d'intelligence,
    esprit de conseil et de force,
    esprit de connaissance et de crainte de Yahvé :
son inspiration est dans la crainte de Yahvé. » (C.D.E.).

à tout homme de "craindre" Dieu. L'Écriture sainte nous apprend également que cette « crainte », qui est le début de la sagesse, n'a rien à voir avec la peur de l'esclave. Il s'agit d'une crainte filiale et non d'une crainte servile. Le rapport hégélien entre le maître et l'esclave est totalement étranger à l'Évangile : ce type de relation caractérise un monde où Dieu est absent. Dans un monde où Dieu est réellement présent, où la Sagesse divine est à l'œuvre, seule peut exister la crainte filiale.

Le Christ Lui-même nous montre l'expression la plus authentique et la plus féconde de cette « crainte ». Le Christ veut nous faire ressentir la crainte de tout ce qui offense Dieu. Il le veut, car Il est venu dans le monde pour libérer l'homme. C'est l'amour qui libère l'homme, car l'amour est la source privilégiée de tout ce qui est bon. Un tel amour, selon le mot de saint Jean, « *chasse la peur*[1] ». Toute manifestation de crainte servile devant la puissance sévère de Dieu tout-puissant et omniprésent disparaît et fait place à la sollicitude filiale, pour que se réalise dans le monde sa volonté,

---

1. Cf. : 1 Jn 4,18-19.
« *Il n'y a pas de peur dans l'amour,*
l'amour-parfait chasse la peur ;
car la peur est liée au châtiment,
et celui qui reste dans la peur
n'a pas atteint la perfection de l'amour.
Nous aimons parce que Dieu, Lui-même,
nous a aimés le premier. » (C.D.E.).

c'est-à-dire le bien qui trouve en Lui son commencement et son accomplissement définitif.

Ainsi, les saints de tous les temps sont comme l'incarnation de l'amour filial du Christ qui est, par exemple chez saint François d'Assise, source d'amour envers toutes les créatures et en même temps amour de la puissance salvatrice de la Croix, qui rétablit dans la création l'équilibre entre le bien et le mal.

L'homme contemporain est-il vraiment animé de cette crainte filiale qui est avant tout amour ? Il y a tout lieu d'estimer, et les indices ne manquent pas, que le modèle hégélien de la relation maître-esclave prend aujourd'hui bien plus de place dans les consciences que la Sagesse, qui trouve son commencement dans la crainte filiale de Dieu. Le modèle hégélien engendre une philosophie des rapports de force. S'il existe un dynamisme qui peut liquider cette philosophie, ce ne peut assurément être que l'Évangile du Christ, où la relation maître-esclave est radicalement convertie en relation père-fils.

Cette relation père-fils n'appartient à aucune époque. Elle est plus ancienne que l'histoire de l'homme. La paternité dont elle manifeste le rayonnement s'inscrit dans le mystère trinitaire de Dieu et, de là, illumine toute l'histoire humaine. Toutefois, comme nous l'apprend la Révélation, ce "rayonnement de paternité divine" a rencontré dans l'histoire une première résistance : le fait obscur mais avéré du péché originel. Nous avons ici la véritable clé d'interprétation de la réalité. Le péché originel est non seulement violation d'une volonté expresse de Dieu mais, plus profondément, négation du dessein bienveillant qui inspire cette volonté. Le péché conduit de la sorte à une abolition de la paternité. Il obscurcit le rayonnement qui illumine le monde créé. Il met en doute la vérité que Dieu est Amour et ne laisse que la conscience de relations maître-esclave : le Seigneur chercherait à préserver jalousement son pouvoir absolu sur le monde et sur l'homme ; et l'homme serait ainsi poussé à s'élever contre Dieu. Comme à toutes les époques de l'histoire, l'homme réduit en esclavage se voit poussé à se révolter contre son maître.

Je serais tenté de résumer ma réponse en proposant le paradoxe suivant : pour libérer l'homme contemporain de sa peur de lui-même, du monde, des autres, des puissances de ce monde, des systèmes oppresseurs et de toute frayeur servile face à cette "force suprême" que le croyant appelle Dieu, il faut simplement lui souhaiter de porter et de cultiver dans son cœur la véritable "crainte de Dieu" qui est le début de la sagesse.

Cette "crainte de Dieu" n'est autre que la force salvatrice de l'Évangile. Elle n'est jamais destructrice, et au contraire toujours créatrice. Elle suscite des hommes qui se laissent guider par la responsabilité inhérente à l'amour. Elle suscite des saints, c'est-à-dire de vrais chrétiens, et c'est à eux qu'appartient en définitive l'avenir du monde. André Malraux avait certainement raison de dire que le XXIᵉ siècle serait religieux ou ne serait pas. Pour sa part, le Pape, qui a commencé son pontificat en s'écriant « *N'ayez pas peur !* », cherche à rester totalement fidèle à cet encouragement. Il est ainsi toujours disponible pour servir l'homme, les nations et l'humanité entière dans l'esprit de cette vérité évangélique.

TABLE DES MATIÈRES